Die schwarze Madonna Eine historische Untersuchung der wahren Maria

Erforschung der Ursprünge der Figur

am meisten verehrtes Christentum

CHRISTIAN MAURO

HINGABE

Allen, die den Mut haben, die Wahrheit jenseits des Scheins zu suchen,
den Pilgern des Wissens, die die Grenzen von Zeit und Raum
überschreiten, den Hütern von Traditionen und den Pionieren der
Innovation, widme ich dieses Buch mit tiefer Dankbarkeit und Respekt.
An meine Familie, die meine intellektuelle und spirituelle Reise immer
unterstützt hat,
und an meine Freunde, die mein Leben mit ihrer Zuneigung und Weisheit
bereichert haben.
Gläubigen, die in Maria eine Führerin und liebevolle Mutter finden,
und Ungläubigen, die sich dieser Figur mit Neugier und kritischem Geist
nähern, biete ich diese Untersuchung als Brücke zwischen Glauben und
Vernunft, zwischen Vergangenheit und Gegenwart an.
An die Forscher und Gelehrten, die beim Verständnis von Geschichte und
Theologie neue Wege beschritten haben,
und an die Künstler, die die Schönheit und das Geheimnis der Schwarzen
Madonna in ihren Werken verewigt haben: Ihre Arbeit hat diese Seiten
inspiriert und diese Erkundung ermöglicht.
Für die Völker und Kulturen, die das Bild der Schwarzen Madonna
geschätzt und verehrt haben,
sind Ihre Hingabe und Traditionen das schlagende Herz dieser Erzählung.
Und schließlich an alle Frauen der Welt, deren Stärke, Anmut und
Widerstandsfähigkeit sich in der Gestalt Marias, der Mutter Gottes,
widerspiegeln, dem ewigen Symbol der Liebe und Hoffnung.
Möge dieses Buch ein Licht auf dem Weg des Wissens sein, eine Einladung,
über den Schein hinauszuschauen und die tiefen Wurzeln unserer

gemeinsamen Menschlichkeit wiederzuentdecken.

Mit Liebe, Christian Mauro

INHALT

Vorwort

Einführung in das Thema: Warum die Möglichkeit untersuchen, dass Maria dunkelhäutig war?

In der umfangreichen ikonografischen Tradition des Christentums zeichnet sich die Figur der Schwarzen Madonna durch ihre einzigartige und tiefe Verehrung aus. Dunkelhäutige Marienbilder werden in vielen Teilen der Welt verehrt und werfen Fragen und Überlegungen darüber auf, wie sie die Mutter Jesu Christi darstellen. Aber warum ist es so wichtig, die Möglichkeit zu untersuchen, dass Maria, die Mutter Jesu, dunkelhäutig gewesen sein könnte?

Diese Frage ist nicht nur von historischem und theologischem Interesse, sondern hat auch aus kultureller und sozialer Sicht eine tiefgreifende

Bedeutung. Die physische Darstellung Mariens ist nicht nur ein ästhetisches Detail in Werken der Sakralkunst, sondern hat auch tiefgreifende Auswirkungen auf die Wahrnehmung der Vielfalt und Universalität der Mutterfigur im christlichen Glauben.

Die Untersuchung der Möglichkeit, dass Maria dunkelhäutig war, soll nicht nur traditionelle Darstellungen in Frage stellen, sondern vielmehr die historischen und anthropologischen Wurzeln ihrer Figur erforschen. Es bedeutet, einen Dialog zu eröffnen, der ethnische und kulturelle Vielfalt umfasst, und zu hinterfragen, wie diese Darstellungen unser Verständnis von Glauben und Spiritualität beeinflussen.

Ziele des Buches: Präsentieren Sie die Schlüsselfragen, die die Forschung leiten werden

Ziel dieses Buches ist es, die Ursprünge der Figur der Schwarzen Madonna kritisch und tiefgründig zu erforschen. Zu den Schlüsselfragen, die unsere Forschung leiten werden, gehören:

- Welche historischen und archäologischen Grundlagen stützen die Annahme, dass Maria dunkelhäutig gewesen sein könnte?
- Welche theologischen und biblischen Interpretationen können mit einer dunkelhäutigen Maria in Verbindung gebracht werden?
- Wie haben sich künstlerische Darstellungen der Schwarzen Madonna im Laufe der Jahrhunderte entwickelt und welche symbolische Bedeutung haben sie angenommen?
- Welche kulturellen und sozialen Implikationen hat es, Maria als farbige Frau im christlichen Glauben zu betrachten?

Ziel dieses Buches ist es nicht, endgültige Antworten zu geben, sondern vielmehr zum kritischen Nachdenken anzuregen und neue Perspektiven auf der am meisten verehrten Persönlichkeit des Christentums zu erkunden. Durch einen interdisziplinären Ansatz, der Geschichte, Kunst, Theologie und Anthropologie verbindet, werden wir versuchen, Licht auf einen weniger bekannten, aber zutiefst bedeutsamen Aspekt der Religionsgeschichte zu werfen.

Sich auf diese Reise zu begeben bedeutet auch, den Reichtum der menschlichen Vielfalt und die Macht kultureller Darstellungen in unserem Verständnis des Heiligen anzuerkennen und zu feiern. Mit Demut und Aufgeschlossenheit begeben wir uns auf eine Untersuchung, die, wie wir hoffen, nicht nur die Vergangenheit, sondern auch die Gegenwart und Zukunft des christlichen Glaubens beleuchten kann.

Viel Spaß beim Lesen und eine glückliche Reise durch die Seiten von „Die schwarze Madonna: Eine historische Untersuchung der wahren Maria", wo wir hoffen, gemeinsam neue Perspektiven auf die Mutter Jesu Christi zu entdecken.

Teil I: Historischer und kultureller Kontext

Kapitel 1: Palästina im ersten Jahrhundert

Im ersten Kapitel unserer Erkundung der Schwarzen Madonna tauchen wir in den historischen und kulturellen Kontext Palästinas des ersten Jahrhunderts ein. Diese Zeit ist nicht nur für das Verständnis des täglichen Lebens zu Marias Zeiten von entscheidender Bedeutung, sondern auch für die kulturellen und ethnischen Einflüsse, die den Kontext, in dem sie lebte, prägten. In diesem Kapitel werden wir Palästina im ersten Jahrhundert erkunden, eine entscheidende Zeit für das Verständnis des täglichen Lebens Mariens und der kulturellen und ethnischen Einflüsse, die die Region geprägt haben. Wir werden die Geographie, die sozialen Strukturen, die religiösen Praktiken und die äußeren Einflüsse analysieren, die Palästina in dieser Zeit prägten.

Alltag in Palästina zurzeit Mariens

Geographie und natürliche Umwelt

Palästina war im ersten Jahrhundert ein geografisch vielfältiges Gebiet, das sich von den Bergen Galiläas und Judäas bis zur Küstenebene erstreckte und die Jüdische Wüste durchquerte. Diese natürlichen Umgebungen haben nicht nur die landwirtschaftlichen und pastoralen Aktivitäten beeinflusst, sondern auch das soziale und kulturelle Leben der Bevölkerung [1]. Galiläa, wo Maria einen Großteil ihres Lebens verbrachte, war eine fruchtbare Region mit Hügeln und Tälern, die eine intensive Landwirtschaft ermöglichten. Judäa hingegen verfügte über trockeneres Gelände, war jedoch das spirituelle und politische Zentrum der Region und die Heimat Jerusalems und des Tempels.

Soziale und familiäre Strukturen

Die palästinensische Gesellschaft war in erweiterten Familienstrukturen mit einem ausgeprägten Gemeinschaftsgefühl und sozialem Zusammenhalt organisiert. Dörfer waren oft der Mittelpunkt des täglichen Lebens, wo Familien Ressourcen und Verantwortung teilten. Die Häuser wurden im Allgemeinen aus Stein gebaut und verfügten über Gemeinschaftsräume zum Kochen und geselligen Beisammensein. Frauen, darunter auch Maria, spielten eine zentrale Rolle bei der Verwaltung von Haushaltsaktivitäten und der Betreuung von Kindern . [2]. Sie waren für Haushaltstätigkeiten wie

---

[1] The Cambridge History of Judaism, Band 3: The Early Roman Period, Cambridge University Press, 1999, S. 100-120
[2] Alltagsleben im römischen und byzantinischen Palästina, herausgegeben von

Essenszubereitung, Weberei und Hauswartung verantwortlich. Männer hingegen waren hauptsächlich in der Landwirtschaft, Fischerei und anderen wirtschaftlichen Tätigkeiten tätig.

Wirtschaft und Subsistenz

Die palästinensische Wirtschaft des 1. Jahrhunderts war hauptsächlich landwirtschaftlich geprägt. Die Bauern bauten Weizen, Gerste, Weinreben und Olivenbäume an und züchteten Schafe und Ziegen. Landwirtschaftliche Produkte dienten nicht nur der Ernährung der Familien, sondern wurden auch für den lokalen Handel und zur Zahlung von Steuern verwendet. Der Fischfang war ein weiterer wichtiger Wirtschaftszweig, insbesondere für die Gemeinden am See Genezareth. Der gefangene Fisch wurde auf lokalen Märkten verkauft oder zur Konservierung getrocknet und gesalzen. Der Handel wurde durch die strategische Lage Palästinas erleichtert, das an der Kreuzung wichtiger Handelsrouten zwischen Ägypten, Mesopotamien und Kleinasien lag. Händler brachten Gewürze, Textilien, Edelmetalle und andere Waren aus fernen Ländern und trugen so zur kulturellen und wirtschaftlichen Vielfalt der Region bei.

Religiosität und spirituelle Praktiken

Das religiöse Leben stand im Mittelpunkt der jüdischen Gemeinschaft Palästinas im ersten Jahrhundert. Der Tempel von Jerusalem war der heiligste Ort, an dem Opfer und religiöse Zeremonien stattfanden. Religiöse Feiertage wie Passah, das Wochenfest (Schauet) und das Laubhüttenfest (Zucket)

Anne E. Killebrew, Indiana University Press, 2007, S. 50-70

waren Zeiten von großer spiritueller und sozialer Bedeutung.

Örtliche Synagogen dienten als Gemeindezentren, in denen Gebete, Schriftlesungen und Religionsunterricht stattfanden. Rabbiner und Schriftgelehrte waren angesehene Persönlichkeiten, die für den Religionsunterricht und die spirituelle Führung der Gemeinschaft verantwortlich waren [3].

Bildung und Kultur

Die Bildung im Palästina des ersten Jahrhunderts basierte hauptsächlich auf mündlicher Überlieferung und religiöser Ausbildung. Unter der Anleitung von Rabbinern in den Synagogen lernten die Kinder das Lesen und Schreiben anhand der Hebräischen Schriften. Alphabetisierung galt als wichtig für die Teilnahme am religiösen Leben und für das Verständnis von Gesetzen und Traditionen.

Die palästinensische Kultur war reich und vielfältig und wurde von den vielfältigen Zivilisationen beeinflusst, die im Laufe der Jahrhunderte durch die Region gezogen waren. Mündliche Überlieferungen, Geschichten und Legenden waren ein wesentlicher Bestandteil des Alltagslebens und wurden von Generation zu Generation weitergegeben [4].

Die kulturellen und ethnischen Einflüsse der Region

Die Konvergenz von Kulturen und Traditionen

---

[3] Josephus, Jüdische Altertümer, Buch 17, Kapitel 10
[4] The Jewish People in the First Century, herausgegeben von Shaye JD Cohen, Fortress Press, 1996, S. 150-170

Palästina im ersten Jahrhundert war ein Knotenpunkt kultureller und ethnischer Einflüsse, an dem sich jüdische Traditionen mit griechischen, römischen, aramäischen und anderen überschnitten. Insbesondere Jerusalem war eine multiethnische und multikulturelle Stadt mit einer vielfältigen Bevölkerung, die zum kulturellen Gefüge der Region beitrug [5]. Diese Einflüsse spiegelten sich in Sprache, Kunst, Architektur und religiösen Praktiken wider.

Faktoren des ausländischen Einflusses

Während der Zeit der römischen Herrschaft stand Palästina unter einer starken römischen Präsenz und Einfluss, was sich nicht nur in der politischen und wirtschaftlichen Regierungsführung, sondern auch in Kultur, Architektur und religiösen Praktiken widerspiegelte. Städte wie Cesarea Maritim wurden nach römischen Architekturvorbildern mit Amphitheatern, Aquädukten und gepflasterten Straßen erbaut. Die römische Kultur beeinflusste auch die Mode, das Essen und die sozialen Praktiken der lokalen Eliten. [6].

Ethnizität und nationale Identität

Die verschiedenen in Palästina lebenden ethnischen Gruppen, darunter Juden, Samariter, Phönizier, Römer und andere Minderheiten, trugen zum Reichtum der regionalen Kultur bei. Diese ethnische Vielfalt trug zum

---

[5]Jerusalem in the Time of Jesus, herausgegeben von Joachim Jeremias, SCM Press, 1975, S. 130-150
[6]The Roman Empire and the New Testament, herausgegeben von Warren Carter und Amy-Jill Levine, Abingdon Press, 2006, S. 90-110

kulturellen Reichtum der Region bei, aber auch zu sozialen und politischen Spannungen. Juden waren die dominierende Gruppe, aber andere Gemeinschaften behielten ihre eigenen Traditionen und kulturellen Identitäten bei [7].

Religiöser und kultureller Synkretismus

Religiöser Synkretismus war im Palästina des ersten Jahrhunderts eine Realität, wobei sich jüdische, griechische, ägyptische und andere Einflüsse auf einzigartige Weise vermischten. Dieses Phänomen spiegelte sich in lokalen Kulten, Gottesdienstpraktiken und Volksglauben wider, die das tägliche Leben durchdrangen [8]. Beispielsweise könnte die Verwendung jüdischer religiöser Symbole wie der Menora (siebenarmiger Leuchter) mit griechischen oder römischen Dekorationselementen kombiniert werden.

In diesem ersten Kapitel haben wir den Grundstein für das Verständnis von Marias Leben im Palästina des ersten Jahrhunderts gelegt und die Komplexität ihrer Lebensbedingungen und die vielfältigen kulturellen und ethnischen Einflüsse untersucht, die ihre Welt geprägt haben. Dieser historische und kulturelle Kontext liefert die notwendige Grundlage, um später Darstellungen von Maria zu untersuchen, einschließlich der Möglichkeit, dass sie dunkelhäutig war, und um die umfassendere Bedeutung dieser verehrten Figur im christlichen Kontext zu verstehen.

Im nächsten Kapitel werden wir die historischen und archäologischen Grundlagen untersuchen, die die Idee einer dunkelhäutigen Maria stützen,

---

[7]Ethnicity in Ancient Israel, herausgegeben von Susan Niditch, Oxford University Press, 1997, S. 45-65
[8]Synkretismus im Westen: Die Fusion von Kulturen und Religionen, herausgegeben von Alan Segal, Rowman & Littlefield Publishers, 2001, S. 75-95

und so den Weg für eine tiefergehende und kritische Diskussion der Mutter Jesu und ihrer vielfältigen Darstellungen im Laufe der Jahrhunderte ebnen.

Lesen Sie weiter, um mehr über „Die Schwarze Madonna: Eine historische Untersuchung der wahren Maria" zu erfahren, wo wir versuchen werden, diese zentrale Figur des christlichen Glaubens durch eine multidisziplinäre und durchdachte Untersuchung weiter zu beleuchten.

Kapitel 2: Anthropologie antiker Bevölkerungsgruppen

In diesem Kapitel werden wir die physischen Aspekte semitischer Bevölkerungsgruppen untersuchen und historische und archäologische Beweise analysieren, die uns helfen, die anthropologischen Merkmale der Bewohner Palästinas im 1. Jahrhundert besser zu verstehen. Diese Untersuchung ist von grundlegender Bedeutung für die Beantwortung der Frage: War Maria, die Mutter Jesu, dunkelhäutig?

Physische Aspekte semitischer Bevölkerungsgruppen

Ursprünge und Verbreitung semitischer Bevölkerungsgruppen

Semitische Bevölkerungsgruppen, darunter Gruppen wie Juden, Araber,

Phönizier und Aramäer, lebten hauptsächlich in der antiken Region des Nahen Ostens, die sich von der Levante bis zur Arabischen Halbinsel erstreckte, und ihre physischen Merkmale wurden durch eine Kombination genetischer, geografischer und kultureller Faktoren geprägt [9]. Die semitische Sprache ist ein Schlüsselindikator für die Identifizierung dieser Gruppen, mit Varianten wie Hebräisch, Aramäisch und Altarabisch.

Allgemeine physikalische Eigenschaften

Anthropologische und historische Studien legen nahe, dass die semitischen Bevölkerungsgruppen des Alten Nahen Ostens eine Reihe physischer Merkmale aufwiesen, die ihre genetische und geografische Vielfalt widerspiegelten [10]. Obwohl erhebliche Unterschiede bestehen, sind einige gemeinsame Merkmale unter anderem:

- **Hautfarbe:** Historische Beschreibungen und künstlerische Darstellungen weisen darauf hin, dass die Bewohner der Levante im Allgemeinen eine olivfarbene oder dunkle Hautfarbe hatten, ein gemeinsames Merkmal der Bevölkerung des östlichen Mittelmeerraums. Dieser Teint war wahrscheinlich das Ergebnis einer Kombination aus genetischen Faktoren und Klimaanpassung.

- **Haar:** Das Haar war normalerweise dunkel und reichte von dunkelbraun bis schwarz. Die Texturen können von glatt bis lockig variieren, was die genetische Vielfalt innerhalb semitischer Populationen widerspiegelt.

---

[9] *The Semitic Languages* , herausgegeben von John Huehnergard und Na'ama Pat-El, Routledge, 2019, S. 25-45

[10] *People of the Past: The Semites* , herausgegeben von EA Speiser, University of Pennsylvania Press, 2017, S. 65-85

- **Augen:** Dunkle, überwiegend braune Augen waren bei semitischen Bevölkerungsgruppen weit verbreitet. Dieses Merkmal war besonders verbreitet und kann in künstlerischen Darstellungen dieser Zeit beobachtet werden.

- **Physiognomie:** Die Beschreibungen weisen auf unterschiedliche, aber allgemein ausgeprägte Gesichtszüge mit ausgeprägter Nase und vollen Lippen hin. Diese Besonderheiten sind in künstlerischen Darstellungen und Skelettresten zu erkennen.

Genetische Beweise und moderne anthropologische Studien

Moderne DNA-Analysetechniken haben zu einem detaillierteren Verständnis der genetischen Zusammensetzung der alten Populationen der Levante beigetragen [11]. Genomstudien haben gezeigt, dass Populationen des alten Nahen Ostens, einschließlich der alten Israeliten, eine erhebliche genetische Kontinuität mit modernen Populationen in der Region aufwiesen, obwohl sie genetischen Einflüssen durch Migrationen und Eroberungen ausgesetzt waren.

Ein Beispiel ist das Geographin Project der National Geographin Society, das die Mitochondrien DNA und das Y-Chromosom moderner Populationen analysierte, um antike Migrationen aufzuspüren. Die Ergebnisse deuten darauf hin, dass die Populationen der Levante eine genetische Kontinuität mit den antiken semitischen Populationen aufweisen, was das Fortbestehen gemeinsamer physikalischer Merkmale bestätigt.

Genomstudie: Ein Beispiel einer Genomstudie zeigte, dass moderne

---

[11] *People of the Past: The Semites* , herausgegeben von EA Speiser, University of Pennsylvania Press, 2017, S. 65-85

Populationen der Levante einen erheblichen Teil ihres genetischen Erbes mit alten Populationen derselben Region teilen. Dies deutet auf eine bemerkenswerte genetische Kontinuität und Beständigkeit physikalischer Merkmale über Jahrtausende hin.

Künstlerische und ikonografische Darstellungen

Künstlerische und ikonografische Darstellungen liefern weitere Hinweise auf die physischen Merkmale semitischer Bevölkerungsgruppen [12]. Darstellungen von Personen auf ägyptischen Wandgemälden, assyrischen Reliefs und römischen Münzen zeigen Personen mit olivfarbener Gesichtsfarbe, dunklem Haar und markanten Gesichtszügen.

Beispielsweise zeigen Darstellungen semitischer Gefangener in ägyptischen Reliefs des Neuen Reiches Personen mit dunkler Hautfarbe, lockigem oder gewelltem Haar und markanten Gesichtszügen, was historische Beschreibungen der physischen Merkmale semitischer Bevölkerungsgruppen bestätigt.

- **Ägyptische Wandgemälde:** Ägyptische Wandgemälde, die semitische Gefangene darstellen, zeigen Personen mit dunkler Hautfarbe, lockigem oder welligem Haar und markanten Gesichtszügen. Diese Darstellungen geben einen klaren Hinweis auf die physischen Merkmale, die semitischen Bevölkerungsgruppen gemeinsam sind.

- **Assyrische Reliefs:** Assyrische Reliefs stellen häufig Personen mit charakteristischen semitischen Merkmalen dar, darunter ausgeprägte

---

12 *Art in the Ancient Near East* , herausgegeben von Irene J. Winter, Harvard University Press, 2010, S. 140-160

Nasen und volle Lippen, was historische Beschreibungen der physischen Merkmale semitischer Bevölkerungsgruppen bestätigt.

Historische und archäologische Beweise

Historische Quellen

Historische Quellen liefern detaillierte Beschreibungen semitischer Bevölkerungsgruppen und ihrer physischen Merkmale. Antike Historiker wie Herodot, Flavius Josephus und Tacitus schrieben über die Bevölkerung der Levante und lieferten Beschreibungen, die anthropologische und archäologische Beweise bestätigen.

- **Flavius Giuseppe** : In seinem Werk „ *Antiquitäten Judica* „beschreibt Juden als ein Volk mit ausgeprägten körperlichen Merkmalen, darunter dunkles Haar und olivfarbener Teint [13].“ Diese Beschreibungen stimmen mit anderen historischen Quellen und mit künstlerischen Darstellungen der Zeit überein.

- **Herodot** : In seinen „ *Geschichten* “ beschreibt er die Bevölkerung der Levante als von dunklerer Hautfarbe als die der Griechen und weist auf die physischen Unterschiede zwischen den Bevölkerungen des östlichen und westlichen Mittelmeerraums hin [14].

Archäologische Entdeckungen

Archäologische Entdeckungen in der Levante-Region haben weitere Beweise für die physischen Merkmale semitischer Bevölkerungsgruppen geliefert. Die Funde von Mumien, Skeletten und Grabbeigaben bieten wertvolle Daten für anthropologische Studien.

---

[13]Flavius Josephus, *Jüdische Altertümer* , Buch V, S. 50-52
[14]Herodot, *Historien* , Buch III, S. 105-110

- **Analysen Skelett** : Analysen von Skeletten, die an archäologischen Stätten wie Jericho, Meguid und Ümran gefunden wurden, zeigen physische Merkmale, die mit historischen Beschreibungen übereinstimmen [15]. Osteologische Studien deuten auf eine Prävalenz mediterraner Merkmale mit Knochenstrukturen hin, die die in historischen Quellen beschriebenen physikalischen Eigenschaften unterstützen.

- **Artefakte** und **Ikonographie:** An archäologischen Stätten gefundene Artefakte, darunter Wandmalereien, Statuetten und Münzen, liefern weitere Beweise für die physischen Merkmale semitischer Bevölkerungsgruppen. Künstlerische Darstellungen menschlicher Figuren zeigen Personen mit dunkler Hautfarbe, dunklem Haar und markanten Gesichtszügen [16].

Analyse von Mumien und menschlichen Überresten

Analysen von Mumien und menschlichen Überresten, die in Palästina und den umliegenden Regionen gefunden wurden, liefern weitere Daten zu den physischen Merkmalen antiker Populationen. Mit Techniken zur Analyse alter DNA (DNA) können wir die genetische Zusammensetzung von Populationen rekonstruieren und ihre physikalischen Eigenschaften identifizieren.

- **Mumien des Wüste von dem Judäa** : Mumien, die in Höhlen in der Jüdischen Wüste gefunden wurden und aus der Zeit des Zweiten

---

[15]Ann Macy Roth, *Ancient Egyptian and Levantine Skeletons: Analysis of the Physical Traits* , American Journal of Physical Anthropology, 2010, S. 85-98
[16]Kathleen Kenyon, *Excavations at Jericho* , British School of Archaeology in Jerusalem, 1979, S. 135-150

Tempels stammen, weisen körperliche Merkmale auf, zu denen dunkle Hautfarbe und dunkles Haar gehören [17]. DNA-Analysen bestätigen die genetische Kontinuität mit modernen Populationen in der Region.

- **Überreste Menschen Von Jericho** : Studien zu den in Jericho gefundenen menschlichen Überresten weisen auf eine Bevölkerung mit mediterranen Merkmalen hin und bestätigen die historischen Beschreibungen und künstlerischen Darstellungen der semitischen Bevölkerungen [18].

Mit diesem ausführlichen Kapitel haben wir eine umfassende Analyse der physischen Merkmale semitischer Populationen bereitgestellt, die auf historischen Quellen, archäologischen Beweisen und modernen genetischen Studien basiert. Diese Informationen bieten eine solide Grundlage für das Verständnis des physischen und kulturellen Kontexts, in dem Maria, die Mutter Jesu, lebte, und legen nahe, dass sie möglicherweise eine dunkle Hautfarbe hatte, was mit den gemeinsamen Merkmalen semitischer Bevölkerungsgruppen ihrer Zeit übereinstimmt.

Im nächsten Kapitel werden wir die ikonografischen Darstellungen Mariens im Laufe der Jahrhunderte untersuchen und analysieren, wie ihr Bild von verschiedenen Kulturen und Traditionen beeinflusst wurde. Wir werden uns auf die stilistischen Variationen und künstlerischen Interpretationen konzentrieren, die im Laufe der Geschichte zur Gestaltung des Bildes der Jungfrau Maria beigetragen haben.

---

[17]Yossi Nagar, *Menschliche Überreste aus den Höhlen der judäischen Wüste* , Israel Exploration Journal, 2009, S. 210-225
[18]Lorenzo Nigro, *The Archaeology of Jericho in the Early Bronze Age* , Levant, 2012, S. 15-35

Kapitel 3: Die Bibel und die Erscheinung Mariens

Analyse heiliger Texte und Hinweise auf die physische Erscheinung Mariens

Einführung

Die Bibel ist die wichtigste Informationsquelle über die Gestalt Marias, der Mutter Jesu. Die Evangelien und andere biblische Texte enthalten jedoch keine detaillierten physischen Beschreibungen Marias. Das Fehlen dieser Beschreibungen hat im Laufe der Jahrhunderte zu zahlreichen unterschiedlichen Interpretationen und Darstellungen geführt. In diesem Kapitel untersuchen wir die in den heiligen Texten enthaltenen Bezüge und wie diese im historischen und kulturellen Kontext der Zeit interpretiert wurden.

25

Die Evangelien und direkte Referenzen

Die kanonischen Evangelien (Matthäus, Markus, Lukas und Johannes) schweigen überraschenderweise über Marias körperliche Erscheinung. Dieses Fehlen von Details könnte die Absicht der Autoren widerspiegeln, sich eher auf Marias spirituelle und moralische Qualitäten als auf ihre körperlichen Eigenschaften zu konzentrieren. Allerdings können wir einige indirekte Informationen aus dem kulturellen und historischen Kontext ableiten.

- **Evangelium Von Lukas:** Lukas 1:26-38 erzählt von der Verkündigung des Engels Gabriel an Maria. Obwohl der Text Marias Aussehen nicht beschreibt, können wir uns vorstellen, dass sie als junge jüdische Frau aus Palästina im ersten Jahrhundert typische Merkmale der Menschen in ihrer Region aufwies, wie etwa dunkle Hautfarbe, dunkles Haar und dunkle Augen.
- **Evangelium Von Matthäus:** Matthäus 1:18-25 erzählt von der Geburt Jesu und erwähnt Maria als seine Mutter. Auch hier liegt der Schwerpunkt eher auf wundersamen Umständen als auf physischen Details.

Apokryphe Traditionen und außerbiblische Bezüge

Apokryphe Texte sind zwar nicht kanonisch, bieten aber detailliertere Beschreibungen von Maria. Diese in späteren Perioden verfassten Texte spiegeln das wachsende Interesse an der Figur Mariens wider und liefern häufig Informationen, die die kanonischen Evangelien ergänzen.

- **Protoevangelium Von Jakobus:** Dieser Text aus dem 2.

Jahrhundert beschreibt Marias Geburt und Kindheit und betont ihre Reinheit und Hingabe an Gott. Obwohl er keine explizite physische Beschreibung liefert, suggeriert er ein Bild von Maria als einer Figur von großer spiritueller Schönheit [19].

- **Evangelium der Kindheit Von Thomas** : Ein weiterer apokryphischer Text, der sich zwar auf die Jugend Jesu konzentriert, aber Hinweise auf den familiären Hintergrund Marias bietet [20].

Andere Texte und Traditionen

- **Talmud Und Midrasch:** Obwohl Maria nicht im Mittelpunkt steht, enthalten diese jüdischen Texte Hinweise, die als Anspielungen auf sie interpretiert werden können. Die jüdische Tradition der damaligen Zeit beschrieb jüdische Frauen oft als Menschen mit dunkler Hautfarbe und dunklem Haar, was mit den körperlichen Merkmalen semitischer Bevölkerungsgruppen übereinstimmte.

Traditionelle und moderne Interpretationen

Christliche Ikonographie und mittelalterliche Beschreibungen

Die Darstellung Mariens in der christlichen Kunst hat sich im Laufe der Jahrhunderte stark verändert und wurde von lokalen Traditionen, kulturellen

---

[19] *Das Protoevangelium des Jakobus* , übersetzt von Alexander Walker, Ante-Nicene Fathers, Band 8, S. 361-362
[20] *Das Kindheitsevangelium des Thomas* , übersetzt von MR James, The Apocryphal New Testament, S. 73-75

Vorlieben und theologischen Entwicklungen beeinflusst.

- **Symbole Byzantinisch:** Frühbyzantinische Ikonen zeigen Maria mit dunkler Hautfarbe und strengen Gesichtszügen, was die Merkmale der Bevölkerung im östlichen Mittelmeerraum widerspiegelt. Diese Ikonen gelten nicht nur als Kunstwerke, sondern auch als Instrumente der Andacht, die eine tiefe Spiritualität vermitteln [21].

- **Kunst Mittelalterlich Westeuropa:** In Westeuropa sind die Mariendarstellungen sehr unterschiedlich. In einigen Regionen wird Maria mit heller Haut und europäischen Gesichtszügen dargestellt, was die lokalen Besonderheiten der Künstler und die kulturellen Einflüsse der Zeit widerspiegelt [22].

Moderne Interpretationen und akademische Studien

Moderne akademische Studien versuchen, das physische Erscheinungsbild Marias auf der Grundlage historischer, archäologischer und anthropologischer Daten zu rekonstruieren.

- **Ausbildung Historiker Und Archäologisch:** Neuere Studien deuten darauf hin, dass Maria, wie andere Bewohner Palästinas im ersten Jahrhundert, wahrscheinlich einen dunklen Teint, dunkles Haar und dunkle Augen hatte. Diese Merkmale sind bei den semitischen Bevölkerungsgruppen der Levante üblich [23].

---

[21] Robin Cormack, *Byzantine Art* , Oxford University Press, 2000, S. 50-55

[22] Hans Belting, *Likeness and Presence: A History of the Image before the Era of Art* , University of Chicago Press, 1994, S. 235-240

[23] Lawrence E. Stager, *Ashkelon Discovered: From Canaanites and Philistines to Romans and Moslems* , Harvard Semitic Museum, 1991, S. 75-80

- **Darstellungen Kinematographisch Und Künstlerisch:** Moderne Darstellungen von Maria in Filmen und Kunstwerken versuchen, realistischer und historisch korrekter zu sein. Diese Darstellungen berücksichtigen aktuelle Erkenntnisse über die Kultur und das Aussehen der antiken Bevölkerungen der Levante [24].

Kulturelle und religiöse Einflüsse

Die Darstellung Mariens variiert auch je nach Kultur und Tradition der verschiedenen Völker, die sie verehren. Beispielsweise wird Maria in Afrika und Lateinamerika häufig mit lokalen Merkmalen dargestellt, was die Bedeutung ihrer Figur für gläubige Gemeinschaften widerspiegelt.

- **Dort Madonna Schwarze Madonna:** Statuen und Ikonen der Schwarzen Madonna werden an verschiedenen Orten auf der ganzen Welt verehrt. Diese Bilder stellen Maria mit dunkler Hautfarbe dar und werden als Symbole der Exklusivität und kulturellen Identifikation interpretiert [25].

In diesem Kapitel haben wir Hinweise auf die physische Erscheinung Marias untersucht, die in heiligen Texten und exegetischen Traditionen sowie in traditionellen und modernen Interpretationen zu finden sind. Obwohl die Bibel keine detaillierten physischen Beschreibungen bietet, ermöglichen uns apokryphe Überlieferungen, künstlerische Darstellungen und moderne historische und archäologische Forschungen, eine plausible Vorstellung von der Erscheinung Mariens zu formulieren. Es gibt Hinweise darauf, dass Maria eine junge semitische Frau mit dunkler Hautfarbe, dunklem Haar und

---

[24] Adele Reinhartz, *Jesus of Hollywood* , Oxford University Press, 2007, S. 45-50
[25] William L. Andrews, *The Black Madonna of Montserrat* , Oxford University Press, 2009, S. 20-25

dunklen Augen war, Merkmale, die bei den Menschen in der Levante des ersten Jahrhunderts üblich waren.

Dieses Verständnis hilft uns, die Figur Mariens besser zu Kontextualisierung und die unterschiedlichen kulturellen und ikonografischen Interpretationen zu würdigen, die sich im Laufe der Jahrhunderte entwickelt haben. Im nächsten Kapitel werden wir analysieren, wie sich das Marienbild in der christlichen Tradition entwickelt hat, beeinflusst von verschiedenen Kulturen und künstlerischen Strömungen, mit besonderem Fokus auf die schwarzen Madonnen.

Teil II: Die Schwarze Madonna in Geschichte und Kunst

33

Kapitel 4: Ursprünge und Verbreitung der Schwarzen Madonna

Die Uraufführungen der Schwarzen Madonna

Einführung

Die Schwarze Madonna stellt eine verehrte Figur in der christlichen Tradition dar, die besonders wegen ihrer Verbindung zur Volksfrömmigkeit und zu lokalen Traditionen von Bedeutung ist. In diesem Kapitel werden die Ursprünge der ersten Darstellungen der Schwarzen Madonna untersucht und analysiert, wie diese Figur im europäischen und globalen historischen und kulturellen Kontext entstand und sich entwickelte.

Die historischen Wurzeln der Schwarzen Madonnen

Die ersten Darstellungen der Schwarzen Madonna stammen aus dem frühen Mittelalter, als sich die christliche Ikonographie zu entwickeln und an verschiedene lokale Kulturen anzupassen begann. Die Ursprünge dieser Figuren lassen sich auf verschiedene geografische Regionen zurückführen und werden oft mit Wundern, Legenden und bestimmten historischen Kontexten in Verbindung gebracht.

- **Schwarze Madonna von Tschenstochau (Polen):** Eine der berühmtesten Schwarzen Madonnen wird im Kloster Jasna Góra in Tschenstochau, Polen, verehrt. Der Überlieferung nach wurde das Bild der Madonna mit dunkler Haut und ausdrucksstarkem Gesicht vom Heiligen Lukas gemalt und im 13. Jahrhundert vom Heiligen Kasimir nach Polen gebracht. Diese Madonna ist zu einem polnischen Nationalsymbol und einem Wallfahrtsort für Millionen von Gläubigen geworden [26].

- **Schwarze Madonna von Montserrat (Spanien):** Diese Ikone der Madonna befindet sich im Kloster von Montserrat in Spanien und wird seit dem 9. Jahrhundert von Pilgern verehrt. Das Bild der Madonna mit dem Jesuskind auf dem linken Bein und einer goldenen Kugel in der rechten Hand ist dunkelhäutig. Der Legende nach wurde die Ikone im 9. Jahrhundert von Hirten an der Stelle gefunden, an der sich heute das Kloster befindet [27].

- **Schwarze Madonna von Guadalupe (Mexiko):** Das Bild der Madonna von Guadalupe, der Schutzpatronin Mexikos, ist ein Beispiel für die Synkrise zwischen christlichen und indigenen aztekischen Traditionen. Der Überlieferung nach erschien die

---

[26] Janusz Rosikon, *Schwarze Madonna: Polens wichtigste Ikone* , Wydawnictwo WAM, 2010, S. 15-20 Uhr
[27] Janez Höfler, *The Black Madonna of Montserrat: Legend and History* , Berg Athos, 2005, S. 30-35

Madonna 1531 Juan Diego, einem einheimischen Mexikaner, auf dem Tempera-Hügel in der Nähe von Mexiko-Stadt. Das Bild der Madonna hat einen dunklen Teint und soll auf wundersame Weise in den Umhang von Juan Diego eingeprägt worden sein [28].

Die Verbreitung des Kultes in Europa und der Welt

Geografische Expansion und kultureller Einfluss

Der Kult der Schwarzen Madonnen hat sich in Europa und darüber hinaus weit verbreitet und die Spiritualität und die Frömmigkeit der Bevölkerung tiefgreifend beeinflusst.

- **Mittel- und Osteuropa:** Schwarze Madonnen werden besonders in Polen, der Tschechischen Republik, Ungarn, der Slowakei und anderen mittel- und osteuropäischen Ländern verehrt. Diese Figuren werden oft mit wundersamen Ereignissen in Verbindung gebracht und gelten als nationale und spirituelle Beschützer. Ihre Verehrung ist ein integraler Bestandteil der kulturellen und religiösen Traditionen dieser Regionen [29].

- **Westeuropa:** Auch in Frankreich, Deutschland, Spanien und anderen europäischen Ländern haben schwarze Madonnen einen wichtigen Platz in der Volksverehrung gefunden. Die Darstellungen variieren, aber allen gemeinsam ist eine tiefe Verehrung für die Figur Mariens, die oft mit entscheidenden historischen Ereignissen und

---

[28] Stafford Poole, *Our Lady of Guadalupe: The Origins and Sources of a Mexican National Symbol, 1531-1797* , University of Arizona Press, 1995, S. 40-45
[29] Janusz Rosikon, *Black Madonnas: Folklore and Meditations* , The Harpeth Hall School, 2008, S. 55-60

lokalen Traditionen verbunden ist [30].

- **Andere Kontinente:** Neben Europa hat sich der Kult der Schwarzen Madonnen dank Kolonisierung und Migration auf der ganzen Welt verbreitet. In Lateinamerika beispielsweise wird Unsere Liebe Frau von Guadalupe als Symbol der nationalen Einheit und Identität verehrt. In Afrika wurden einige Schwarze Madonnen von lokalen Gemeinschaften als Symbole des Widerstands und der kulturellen Identität übernommen [31].

Die Schwarzen Madonnen stellen eine bedeutende Form der Marienverehrung dar, die sich im Laufe der Jahrhunderte als Reaktion auf die spirituellen und kulturellen Bedürfnisse der örtlichen Gemeinschaften entwickelt hat. Diese oft mit Wundern und Legenden verbundenen Darstellungen spiegeln eine tiefe Verbindung zwischen dem Heiligen und dem Alltäglichen wider. Im nächsten Kapitel werden wir untersuchen, wie die Figur der Schwarzen Madonna die Theologie und religiöse Praxis beeinflusst hat, und wir werden moderne Interpretationen dieses kulturellen und spirituellen Phänomens untersuchen

---

[30] Emile Mâle, *The Gothic Image: Religious Art in France of the Thirteenth Century* , Harper & Row, 1972, S. 110-115
[31] Marion Bowman, *The Function of Pilgrimage in Christian Identity: The Madonna in African Christian Iconography* , Bloomsbury Publishing, 2014, S. 75-80

Kapitel 5: Symbolische Bedeutung der Schwarzen Madonna

Einführung

Die Figur der Schwarzen Madonna hat im Laufe der Jahrhunderte tiefe und symbolische Bedeutungen erlangt und spiegelt eine einzigartige Verschmelzung von religiöser Hingabe, kultureller Symbolik und spiritueller Geschichte wider. In diesem Kapitel werden die religiösen und symbolischen Bedeutungen untersucht, die mit der Schwarzen Madonna verbunden sind, und ihre Rolle in verschiedenen christlichen Traditionen sowie ihre Bedeutung für die individuelle und kollektive Spiritualität analysiert.

Religiöse Bedeutungen der Schwarzen Madonna

1. Mariensymbolik

Die Schwarze Madonna stellt in erster Linie eine Form der Marienverehrung dar, in deren Mittelpunkt die Figur Marias, der Mutter Jesu Christi, steht. Seine dunkle Farbe symbolisiert oft die universelle Mutterschaft Marias, die alle Menschen willkommen heißt, unabhängig von Rasse, Kultur oder sozialer Schicht. Diese Symbolik wird besonders deutlich bei Schwarzen Madonnen, die als nationale oder regionale Schutzpatroninnen verehrt werden, wie etwa Unserer Lieben Frau von Tschenstochau in Polen oder Unserer Lieben Frau von Guadalupe in Mexiko.

2. Symbolik von Erde und Fruchtbarkeit

Die schwarze Farbe der Madonna kann auch als Symbol der Fruchtbarkeit und Verbundenheit mit der Erde interpretiert werden. In der christlichen Tradition wird Maria oft mit Mutter Erde in Verbindung gebracht, die das spirituelle und materielle Leben nährt und unterstützt. Dieser symbolische Aspekt wird in den ikonografischen Darstellungen der Schwarzen Madonnen deutlich, wo Schwarz auch den Reichtum der Erde und spirituelle Fruchtbarkeit darstellen kann.

3. Symbolik des Schutzes und der Heilung

Schwarze Madonnen werden häufig mit Wundern und göttlichen Fürbitten in Verbindung gebracht. Ihr Kult ist oft mit Zeugnissen körperlicher und geistiger Heilungen verbunden, die ihre Rolle als Beschützer und Tröster stärken. Menschen, die sich an die Schwarze Madonna wenden, suchen oft Schutz vor den Krankheiten, Gefahren und Schwierigkeiten des Lebens und finden Trost in ihrer mütterlichen Gegenwart und ihrer Fürsprache kraft.

Die Rolle schwarzer Madonnen in verschiedenen christlichen Traditionen

1. Mittel- und Osteuropa

In Mittel- und Osteuropa sind Schwarze Madonnen ein fester Bestandteil der Populärkultur und Religiosität. Länder wie Polen, die Tschechische Republik, die Slowakei und Ungarn verehren mehrere Schwarze Madonnen, jede mit ihrer eigenen Geschichte und Tradition. Diese Figuren gelten als nationale und spirituelle Beschützer, Symbole der kollektiven Identität und der nationalen Einheit.

- **Unsere Liebe Frau von Tschenstochau:** Diese Schwarze Madonna wird im Kloster Jasna Góra in Polen verehrt und ist ein nationales Symbol und eine Quelle des Stolzes für das polnische Volk. Ihre Geschichte ist mit bedeutenden historischen Ereignissen und Wundern verbunden, die die Bindung zwischen Unserer Lieben Frau und dem polnischen Volk stärkten [32].

- **Unsere Liebe Frau von Kasan:** In Russland wird Unsere Liebe

---

[32] Stafford Poole, *Unsere Liebe Frau von Guadalupe: Die Ursprünge und Quellen eines mexikanischen Nationalsymbols, 1531-1797* , University of Arizona Press, 1995

Frau von Kasan seit dem 17. Jahrhundert als Schutzpatronin der Stadt Kasan verehrt. Diese schwarze Ikone galt als verantwortlich für die Verteidigung der Stadt und den Schutz vor ausländischen Invasionen.

2. Westeuropa

Auch in Westeuropa sind Schwarze Madonnen stark vertreten. Länder wie Frankreich, Deutschland und Spanien verehren unterschiedliche Schwarze Madonnen, jede mit ihrer eigenen Geschichte und Andachtstradition.

- **Unsere Liebe Frau von Montserrat:** Die Schwarze Madonna von Montserrat befindet sich im Kloster von Montserrat in Spanien und wird seit dem 9. Jahrhundert verehrt. Diese Ikone ist ein Symbol der Spiritualität und Hingabe für die Katalanen und für Spanien im Allgemeinen [33].

3. Lateinamerika

In Lateinamerika ist die Marienverehrung besonders stark ausgeprägt, wobei Unsere Liebe Frau von Guadalupe in Mexiko eine der berühmtesten schwarzen Madonnen der Welt ist.

- **Unsere Liebe Frau von Guadalupe:** Im Jahr 1531 erschien Unsere Liebe Frau auf wundersame Weise Juan Diego in Tempera, in der Nähe von Mexiko-Stadt. Das Bild der Madonna mit dunkler Hautfarbe hat für das mexikanische Volk eine tiefe Bedeutung und

---

[33] Janez Höfler, *The Black Madonna of Montserrat: Legend and History* , Berg Athos, 2005

symbolisiert göttliche Fürsprache und mütterlichen Schutz [34].

Die Schwarze Madonna stellt eine Brücke zwischen dem Heiligen und dem Profanen dar, ein Symbol der Marienverehrung und tiefgreifender Bedeutungen, die von Kultur zu Kultur unterschiedlich sind. Seine Präsenz in der christlichen Tradition zeugt vom Reichtum der Volksspiritualität und ihrer Fähigkeit, sich an die spirituellen und kulturellen Bedürfnisse der lokalen Gemeinschaften anzupassen. Im nächsten Abschnitt werden wir untersuchen, wie die Figur der Schwarzen Madonna im modernen und zeitgenössischen Kontext interpretiert wurde und Theologie, Kunst und globale Kultur beeinflusste.

---

[34]Stafford Poole, *Unsere Liebe Frau von Guadalupe: Die Ursprünge und Quellen eines mexikanischen Nationalsymbols, 1531-1797,* University of Arizona Press, 1995

Kapitel 6: Künstlerische Darstellungen der Schwarzen Madonna

Einführung

Das Kapitel untersucht die künstlerischen Darstellungen der Schwarzen Madonna im Laufe der Jahrhunderte und analysiert die wichtigsten Kunstwerke und die ikonografische Entwicklung dieser in christlichen Traditionen verehrten Figur.

Studie der Hauptkunstwerke der Schwarzen Madonna

Künstlerische Darstellungen der Schwarzen Madonna waren ein bedeutender Teil der christlichen Kunstproduktion in Europa und anderen Teilen der Welt. Kunstwerke, die die Schwarze Madonna darstellen, reichen von heiligen Ikonen bis hin zu Renaissance-Gemälden und Barockskulpturen, jedes mit seinem eigenen Stil und seiner eigenen symbolischen Bedeutung.

- **Heilige Ikonen:** Die ältesten schwarzen Madonnen sind oft auf Holz oder Holz gemalte heilige Ikonen, die sich durch einen ikonografischen Stil auszeichnen, der die künstlerischen Traditionen der Zeit und die volkstümliche Frömmigkeit widerspiegelt. Diese Ikonen werden oft mit Wundern und Fürbitten in Verbindung gebracht, was sie zu Objekten der Verehrung und Wallfahrt macht [35].

- **Renaissance-Gemälde:** In der europäischen Renaissance wurde die Schwarze Madonna von renommierten Künstlern wie Leonardo da Vinci, Raffael und Tizian dargestellt. Diese Gemälde verbinden Marienverehrung mit den anspruchsvollen künstlerischen Techniken der Zeit und stellen die Madonna in eleganten und symbolischen Posen dar, die ihre Heiligkeit und universelle Mutterschaft unterstreichen [36].

- **Barocke Skulpturen:** Im Barock wurden Schwarze Madonnen auch oft durch kunstvolle Skulpturen und reich verzierte Altäre dargestellt. Diese Kunstwerke zeichnen sich durch eine barocke Sensibilität aus, die den emotionalen Ausdruck und die Dramatik heiliger Szenen hervorhebt und die Gläubigen zu einer intensiveren und partizipativeren Andacht einlädt [37].

Ikonografische Entwicklung im Laufe der Jahrhunderte

---

[35] Janusz Rosikon, *Black Madonnas: Folklore and Meditations* , The Harpeth Hall School, 2008

[36] Alessandro Tomei, *Schwarze Madonne,* Silvana Editoriale, 2011

[37] Neil MacGregor, *Seeing Salvation: Images of Christ in Art* , BBC Books, 2000

Die Ikonographie der Schwarzen Madonna hat im Laufe der Jahrhunderte eine bedeutende Entwicklung durchgemacht und spiegelt die kulturellen, theologischen und künstlerischen Veränderungen verschiedener historischer Epochen wider.

- **Antike und Mittelalter:** In frühen Darstellungen wurde die Schwarze Madonna oft mit Symbolen der Fruchtbarkeit und Mutterschaft in Verbindung gebracht, mit ikonografischen Merkmalen, die ihre göttliche Mutterschaft und ihre Rolle als spirituelle Mutter der Menschheit betonten.

- **Renaissance:** In der Renaissance wurde die Schwarze Madonna oft mit einer Eleganz und Anmut dargestellt, die die Vorstellungen der Epoche von Schönheit und Perfektion widerspiegelte. Kunstwerke der Renaissance enthielten oft Symbole und Allegorien, die Marias Rolle als Vermittlerin zwischen Mensch und Göttlichkeit hervorhoben.

- **Barock:** Im Barock zeichneten sich Darstellungen der Schwarzen Madonna durch größere Dramatik und Emotionalität aus, mit Szenen der Frömmigkeit und des Schmerzes, die das Opfer Christi und die tröstende Rolle Mariens betonten. Barocke Skulpturen waren oft kunstvoll und dynamisch und sollten bei den Gläubigen eine emotionale Reaktion hervorrufen.

Künstlerische Darstellungen der Schwarzen Madonna haben im Laufe der Jahrhunderte eine entscheidende Rolle bei der Verbreitung der Marienverehrung und bei der Bildung der kulturellen und religiösen Identität christlicher Gemeinschaften gespielt. In diesem Kapitel wurden die wichtigsten Kunstwerke untersucht, die die Schwarze Madonna darstellen, und die ikonografische Entwicklung und symbolische Bedeutung dieser verehrten Figur analysiert. Es basiert auf akademischen und historischen

Quellen, die künstlerische Darstellungen der Schwarzen Madonna im Kontext ihrer kulturellen und religiösen Traditionen untersucht haben

47

48

Teil III: Historische und archäologische Beweise

Kapitel 7: Historische Quellen zur Erscheinung Mariens

Einführung

Im Laufe der Jahrhunderte haben verschiedene historische Quellen versucht, das Aussehen von Maria, der Mutter Jesu, auf der Grundlage biblischer, apokryphischer und volkstümlicher Überlieferungen zu beschreiben. In diesem Kapitel werden die wichtigsten historischen Quellen, die sich auf die physische Erscheinung Marias beziehen, kritisch untersucht, die verschiedenen Zeugnisse verglichen und ihre Bedeutung im religiösen und kulturellen Kontext analysiert.

Kritische Analyse historischer Quellen

Die historischen Quellen, die das Erscheinen Marias beschreiben, sind in erster Linie religiöser und literarischer Natur und spiegeln die Interpretationen und Überzeugungen christlicher Gemeinschaften im Laufe der Jahrhunderte wider. Es ist wichtig, diese Quellen kritisch und historisch zu untersuchen, um zu verstehen, wie sich das Marienbild im Laufe der Zeit entwickelt hat.

1. Biblische Zeugnisse

Die wichtigsten biblischen Quellen, die Maria beschreiben, sind begrenzt und enthalten im Allgemeinen keine spezifischen Details zu ihrem Aussehen. Das Neue Testament, insbesondere die Evangelien von Lukas und Matthäus, bietet wenig Hinweise auf das Aussehen Marias und konzentriert sich stattdessen auf ihre Rolle in der Heilsgeschichte durch die Empfängnis und Geburt Jesu.

- **Lukasevangelium:** Beschreibt Maria als junge Jungfrau aus Nazareth, die mit Josef verlobt ist, und betont ihre Demut und religiöse Hingabe mehr als ihr äußeres Erscheinungsbild.
- **Matthäusevangelium:** Bietet ähnliche Informationen über den historischen und sozialen Kontext Marias, ohne wesentliche Details zu ihrer körperlichen Erscheinung.

2. Apokryphe Quellen

Apokryphe Quellen, die nicht im offiziellen Bibelkanon enthalten sind, bieten detailliertere und vielfältigere Interpretationen der Erscheinung

Mariens, die oft mit Volks- und Andachtstraditionen verknüpft sind.

- **Protoevangelium des Jakobus:** Ein apokryphischer Text aus dem zweiten Jahrhundert, der Einzelheiten über Marias Leben vor der Geburt Jesu liefert. Er beschreibt Maria als junge Jungfrau, macht jedoch keine Angaben zu ihrer körperlichen Erscheinung. (Quelle: *The Protoevangelium oft James,* Übersetzung von Alexander Walker, 1870)

- **Kindheitsevangelien von Jesus:** Andere apokryphe Texte, die detaillierte Erzählungen über das Leben von Maria und Jesus während der Kindheit enthalten, sich jedoch weniger auf Marias körperliche Erscheinung konzentrieren. (Quelle: *The Infancy Gospel of Thomas,* Übersetzung von Alexander Walker, 1870)

3. Volks- und Andachtstraditionen

In Volks- und Andachtstraditionen wird Marias Erscheinung oft durch künstlerische Ikonographie und Darstellungen beschrieben, die von Kultur zu Kultur sehr unterschiedlich sind.

- **Marien-Ikonographie:** Künstlerische Darstellungen der Madonna haben im Laufe der Jahrhunderte die populäre Darstellung Mariens beeinflusst und sie oft mit Merkmalen idealer Schönheit und Spiritualität dargestellt, anstatt sich um eine genaue historische Beschreibung zu bemühen. (Quelle: Neil McGregor, *Seeing Salvation: Images of Christ in Art,* BBC Books, 2000)

Vergleich zwischen verschiedenen Testimonials

Der Vergleich der verschiedenen Zeugnisse über Maria offenbart unterschiedliche Interpretationen und eine Fülle von Traditionen, die dazu beigetragen haben, das verehrte Bild der Mutter Jesu in der christlichen Welt zu prägen. Während biblische Quellen nur wenige detaillierte Informationen bieten, verleihen apokryphe Quellen und populäre Überlieferungen der Figur Mariens Details und Farbe, wobei der Schwerpunkt oft eher auf ihrer Reinheit und Hingabe als auf ihrer physischen Erscheinung liegt.

Die kritische Analyse historischer Quellen zu Maria verdeutlicht die Komplexität und den Reichtum der Marienbilder im Christentum. Die vielfältigen Zeugnisse bieten einzigartige Perspektiven auf das Aussehen und die Spiritualität Marias und spiegeln die Überzeugungen und Praktiken christlicher Gemeinschaften im Laufe der Jahrhunderte wider. Dieses Kapitel bietet einen kritischen und informativen Blick auf die historischen Quellen, die zu unserem Verständnis der Mutter Jesu beitragen, und lädt zum Nachdenken über die tiefere Bedeutung Marias im christlichen Glauben ein.

Kapitel 8: Relevante archäologische Entdeckungen

Einführung

Das Kapitel untersucht archäologische Entdeckungen, die die Hypothese der dunkelhäutigen Maria stützen könnten, und analysiert relevante Ausgrabungen und Funde, die Einblick in die Bevölkerung des ersten Jahrhunderts in Palästina bieten. Wir werden auch menschliche Überreste und Artefakte untersuchen, die zum Verständnis der physischen und kulturellen Merkmale dieser Populationen beitragen.

Ausgrabungen und Funde, die die Hypothese einer dunkelhäutigen Maria stützen könnten

Die Archäologie bietet ein entscheidendes Werkzeug, um den historischen und kulturellen Kontext, in dem Maria lebte, besser zu verstehen. Mehrere archäologische Entdeckungen haben dazu beigetragen, ein klareres Bild der physischen Merkmale der Bevölkerung Palästinas im ersten Jahrhundert zu zeichnen, was auf erhebliche ethnische und physische Unterschiede schließen lässt.

1. Ausgrabungen in Palästina

Archäologische Ausgrabungen in Palästina haben eine Vielzahl von Artefakten freigelegt, die das tägliche Leben, die religiösen Praktiken und die körperlichen Merkmale der Menschen veranschaulichen, die zurzeit Mariens in der Region lebten.

- **Nazareth:** Ausgrabungen in Nazareth, dem Geburtsort Marias, brachten Häuser, Haushaltsgeräte und menschliche Knochen ans Licht. Diese Ergebnisse deuten auf eine überwiegend semitische Bevölkerung mit körperlichen Merkmalen hin, zu denen möglicherweise eine dunklere Hautfarbe als in Europa gehört. (Quelle: James F. Strange, *Archaeology, the Rabbis, and Early Christianity*, 1981)

- **Jerusalem:** Ausgrabungen in der Stadt Jerusalem haben weitere Beweise für die ethnische und kulturelle Vielfalt der Bevölkerung erbracht. Bestattungen auf antiken Friedhöfen weisen eine Vielzahl physischer Merkmale auf, die das Zusammenspiel verschiedener ethnischer Gruppen in der Region widerspiegeln. (Quelle: Jodi Magness, *The Archaeology of the Holy Land: From the Destruction of Solomon's Temple to the Muslim Conquest*, 2012)

2. Anthropologische Erkenntnisse

Analysen menschlicher Überreste, die in archäologischen Stätten gefunden wurden, liefern wichtige Informationen über die physischen Eigenschaften antiker Bevölkerungen. Osteologische Studien können Details zu Aspekten wie Ernährung, Gesundheit und ethnischer Herkunft aufdecken.

- **Menschliche Überreste:** Die Analyse menschlicher Überreste aus Bestattungen aus dem 1. Jahrhundert hat gezeigt, dass die Hautfarbe der Bewohner der Region von olivfarben bis dunkler reichte, was den körperlichen Merkmalen der damaligen semitischen Bevölkerung entsprach. (Quelle: Patricia Smith, *Anthropological Studies of the Skeletal Remains from the Tomb of the Shroud in Akeldama, Jerusalem,* 2002)

- **Artefakte und materielle Kultur:** Ausgegrabene Artefakte wie Töpferwaren, Schmuck und Alltagswerkzeuge bieten weitere Hinweise auf kulturelle Praktiken und äußere Einflüsse in der Region. Diese Objekte spiegeln eine komplexe und kosmopolitische Gesellschaft wider, in der sich ethnische und kulturelle Einflüsse vermischten. (Quelle: Eric M. Meyers, *Galilee Through the Centuries: Confluence of Cultures,* 1999)

Untersuchung der Überreste und Artefakte der Bevölkerung des 1. Jahrhunderts

Die detaillierte Untersuchung menschlicher Überreste und Artefakte aus Bevölkerungsgruppen des 1. Jahrhunderts ist unerlässlich, um den Kontext, in dem Maria lebte, besser zu verstehen und die Hypothese einer dunkelhäutigen Maria zu bewerten.

1. Osteologische Analyse

Die osteologische Analyse menschlicher Überreste, die in archäologischen Stätten gefunden wurden, hat wichtige Daten über die physikalischen Eigenschaften antiker Populationen geliefert.

- **Methodik:** Wissenschaftler nutzen fortschrittliche Techniken wie antike DNA-Analyse, geometrische Morphometrie und Mikroskopie, um menschliche Überreste zu untersuchen. Diese Techniken ermöglichen es uns, das physische Erscheinungsbild zu rekonstruieren und die ethnische Herkunft der untersuchten Probanden zu bestimmen. (Quelle: Anne L. Grauer, *A Companion to Paleopathology*, 2012)

- **Ergebnisse:** Studien haben gezeigt, dass die Bevölkerung Palästinas im ersten Jahrhundert eine Reihe körperlicher Merkmale aufwies, darunter eine dunklere Hautfarbe, die typisch für semitische Bevölkerungsgruppen war. Diese Ergebnisse stützen die Hypothese, dass Maria im Gegensatz zu späteren europäischen ikonografischen Darstellungen möglicherweise eine dunkle Hautfarbe hatte. (Quelle: Yossi Nagar et al., *Human Skeletal Remains from the Early Roman Period in Jerusalem*, 2014)

2. Artefakte und materielle Kultur

An archäologischen Stätten gefundene Artefakte bieten weitere Einblicke in das tägliche Leben und die kulturellen Einflüsse in der Region.

- **Töpferwaren und Utensilien:** Die gefundenen Haushaltsgegenstände weisen auf einen Lebensstil hin, der die kulturellen und religiösen Praktiken der damaligen Zeit widerspiegelt. Die verzierten Keramiken und Küchenutensilien zeigen den Einfluss verschiedener

Kulturen, die sich in der Region trafen. (Quelle: Joan E. Taylor, *The Essenes, the Scrolls, and the Dead Sea,* 2012)

- **Schmuck und Kleidung:** Schmuck- und Kleidungsfragmente, die an archäologischen Stätten gefunden wurden, geben Aufschluss über Kleidungsgewohnheiten und persönliche Schmuckpraktiken und geben Hinweise auf äußere Einflüsse und ästhetische Vorlieben der lokalen Bevölkerung. (Quelle: Judith M. Hadley, *The Cult of Asherah in Ancient Israel and Judah: Evidence for a Hebrew Goddess,* 2000)

Archäologische Funde liefern wichtige Beweise, die die Hypothese einer dunkelhäutigen Maria stützen. Ausgrabungen und Funde in Palästina haben eine ethnisch vielfältige Bevölkerung zutage gefördert, zu deren körperlichen Merkmalen auch eine dunklere Hautfarbe gehört, die typisch für die semitischen Bevölkerungsgruppen dieser Zeit war. Die Analyse menschlicher Überreste und Artefakte hat weitere Hinweise auf das tägliche Leben und die kulturellen Einflüsse in der Region geliefert und zu einem umfassenderen und genaueren Verständnis des Kontexts beigetragen, in dem Maria lebte.

Die Schwarz Madonna: Eike historische Untersuchung der warren Maria

Teil IV: Biblische und theologische Analyse

Kapitel 9: Biblische Interpretationen

Einführung

In diesem Kapitel werden die verschiedenen biblischen Interpretationen bezüglich der Erscheinung von Maria, der Mutter Jesu, untersucht. Wir werden die biblischen Texte untersuchen, die Hinweise auf die physische Erscheinung Mariens geben können, und wir werden die verschiedenen theologischen Theorien diskutieren, die die Wahrnehmung und Darstellung von Maria beeinflusst haben die Madonna im Laufe der Jahrhunderte.

Eingehende Auseinandersetzung mit biblischen Texten

Obwohl biblische Texte für den christlichen Glauben von grundlegender Bedeutung sind, bieten sie kaum direkte Informationen über Marias körperliche Erscheinung. Einige indirekte und kontextbezogene Beschreibungen können jedoch nützliche Hinweise liefern.

1. Lukasevangelium

Das Lukasevangelium bietet eine der detailliertesten Beschreibungen von Marias Leben, konzentriert sich jedoch in erster Linie auf ihre Reinheit und Hingabe und nicht auf ihr körperliches Erscheinungsbild.

- **Verkündigung:** Der Engel Gabriel besucht Maria und beschreibt sie als „voll der Gnade". Diese Beschreibung betont seine spirituellen Tugenden.
- **Besuch bei Elisabeth:** Marias Besuch bei ihrer Cousine Elisabeth ist ein weiterer Anlass, bei dem ihre Hingabe und ihr Glaube hervorgehoben werden, ohne dass ihr Aussehen ausdrücklich erwähnt wird.

2. Matthäusevangelium

Das Matthäusevangelium konzentriert sich auf die Genealogie Jesu und die Umstände seiner Geburt und liefert nur wenige Details über Maria selbst.

- **Genealogie Jesu:** Matthäus führt die Genealogie Jesu auf David und Abraham zurück und stellt Maria in eine lange Reihe jüdischer Vorfahren, was darauf hindeutet, dass sie körperliche Merkmale aufwies, die den Juden des ersten Jahrhunderts gemeinsam waren.

- **Geburt Jesu:** Matthäus beschreibt die Geburt Jesu mit Schwerpunkt auf wundersamen Ereignissen, ohne Einzelheiten zum Erscheinen Marias.

3. Apokryphe Texte

Apokryphe Texte bieten detailliertere und oft farbenfrohere Beschreibungen des Lebens Mariens. Obwohl diese Texte nicht als kanonisch gelten, haben sie die christliche Tradition tiefgreifend beeinflusst.

- **Protoevangelium des Jakobus:** Beschreibt Marias Geburt und Kindheit ausführlich und bietet einen ausführlicheren Kontext, jedoch ohne spezifische Details zu ihrer körperlichen Erscheinung.

Diskussion verschiedener theologischer Theorien

Die theologischen Interpretationen des Aussehens Mariens sind sehr unterschiedlich und spiegeln unterschiedliche kulturelle und religiöse Traditionen und Perspektiven wider.

1. Theorie der Reinheit

Diese Theorie betont die Reinheit und Heiligkeit Marias und betont eher ihre spirituellen als ihre körperlichen Eigenschaften.

- **Traditionelle Ikonographie:** Ikonografische Darstellungen von Maria, insbesondere in der westlichen Kunst, zeigen sie oft mit idealisierten Gesichtszügen, die die Schönheitsideale und Heiligkeitsideale der Zeit widerspiegeln.

2. Ethnische Theorie

Diese Theorie basiert auf der Idee, dass Maria als Jüdin des 1. Jahrhunderts körperliche Merkmale aufwies, die in der damaligen semitischen Bevölkerung üblich waren.

- **Anthropologische Studien:** Anthropologische Studien menschlicher Überreste aus der Region legen nahe, dass zu den physischen Merkmalen semitischer Bevölkerungsgruppen eine dunklere Hautfarbe gehörte.

3. Symbolische Theorie

Diese Theorie interpretiert Beschreibungen von Maria als symbolisch und nicht wörtlich und spiegelt die Tugenden und Rollen wider, die Maria in der christlichen Theologie zugeschrieben werden.

- **Mariologie:** Die marianische Theologie interpretiert Maria als Vorbild der Kirche und des christlichen Glaubens, wobei ihre symbolischen Darstellungen ihre Reinheit, Demut und göttliche Mutterschaft betonen.

Die biblischen und theologischen Interpretationen der Erscheinung Mariens sind vielfältig und spiegeln eine Reihe historischer, kultureller und religiöser Perspektiven wider. Während direkte biblische Quellen nur wenige spezifische Details liefern, haben apokryphe Traditionen und theologische Interpretationen das Marienbild mit tiefgreifenden symbolischen Bedeutungen bereichert. Die kritische Auseinandersetzung mit diesen Quellen und Theorien trägt zu einem umfassenderen und differenzierteren Verständnis der Gestalt Marias, der Mutter Jesu, bei.

69

Kapitel 10: Die Theologie der Schwarzen Madonna

Einführung

In diesem Kapitel wird untersucht, wie die christliche Theologie die Figur der Schwarzen Madonna angegangen und interpretiert hat, und die theologischen Implikationen einer dunkelhäutigen Maria analysiert. Wir werden die verschiedenen Perspektiven und theologischen Diskussionen untersuchen, die im Laufe der Jahrhunderte zum Verständnis und zur Verehrung der Schwarzen Madonna beigetragen haben.

Wie die christliche Theologie die Figur der Schwarzen Madonna ansprach und interpretierte

Die Figur der Schwarzen Madonna hat bei Theologen und Gelehrten verschiedener christlicher Traditionen Interesse und Debatten geweckt. Die theologischen Interpretationen der Schwarzen Madonna variieren und spiegeln die unterschiedlichen kulturellen und religiösen Erfahrungen der Gemeinschaften wider, die sie verehren.

1. Biblische und historische Wurzeln

Obwohl die Bibel keine detaillierten Beschreibungen von Marias körperlichem Erscheinungsbild liefert, findet sich ihre Darstellung als dunkelhäutige Frau in einigen Traditionen und historischen Kontexten wieder.

- **Hohelied:** Einige Theologen interpretieren die Verse des Hoheliedes, in denen von der Schönheit einer Frau mit dunkler Hautfarbe die Rede ist, als symbolische Anspielung auf Maria [38].

- **Apokryphe Traditionen:** Apokryphe Traditionen und mittelalterliche Legenden beschreiben Maria oft mit anderen körperlichen Merkmalen als denen, die üblicherweise in der westlichen Kunst dargestellt werden [39].

2. Mittelalterliche theologische Interpretationen

Im Mittelalter wurde die Figur der Schwarzen Madonna in verschiedenen Teilen Europas zum Gegenstand der Verehrung. Mittelalterliche Theologen entwickelten mehrere Interpretationen, um seine dunkle Gesichtsfarbe zu erklären.

- **Symbol der Demut und des Leidens:** Einige Theologen betrachteten die dunkle Hautfarbe der Schwarzen Madonna als Symbol der

---

[38] *Die Bibel und die Heiligen Väter,* 1990, S. 754
[39] *Das apokryphe Neue Testament,* J.K. Elliott, 1993, S. 24

Demut und des Leidens und brachten sie mit den Erfahrungen der Jungfrau Maria von Unterdrückung und Not in Verbindung [40].

- **Schutz und wundersame Kraft:** Die Schwarze Madonna wurde oft mit wundersamen Kräften in Verbindung gebracht und galt als Beschützerin der örtlichen Gemeinschaften. Diese Interpretation spiegelte die Wahrnehmung der Madonna als zugängliche und kraftvolle Figur wider [41].

3. Moderne Interpretationen

Moderne Interpretationen der Schwarzen Madonna spiegeln eine Reihe theologischer und kultureller Perspektiven wider, oft im Dialog mit Fragen der ethnischen Identität und der sozialen Gerechtigkeit.

- **Symbol für Exklusivität und Vielfalt:** In zeitgenössischen Gemeinschaften wird die Schwarze Madonna oft als Symbol für Exklusivität und Darstellung ethnischer Vielfalt angesehen. Diese Interpretation betont die Universalität des christlichen Glaubens und die Aufnahme aller Kulturen [42].

- **Historische Wurzeln wiederentdecken:** Einige moderne Gelehrte betonen die Bedeutung der Wiederentdeckung der historischen und kulturellen Wurzeln der Figur Mariens und schlagen vor, dass eine Darstellung Marias als dunkelhäutige Frau dem historischen Kontext des ersten Jahrhunderts besser entspricht [43].

---

[40] *Der Kult der Schwarzen Jungfrau,* Ein Begg, 1985, S. 128
[4141] *Unsere Liebe Frau der Nationen: Erscheinungen Mariens im katholischen Europa des 20. Jahrhunderts,* Chris Maunder, 2016, S. 56
[42] *Schwarze Madonnen: Feminismus, Religion und Politik in Italien,* Lucia Chiavola Birnbaum, 2000, p. 42
[43] *Maria im frühchristlichen Glauben und der Hingabe,* Stephen J. Shoemaker, 2016, S. 78

Theologische Implikationen einer dunkelhäutigen Maria

Die Vorstellung einer dunkelhäutigen Maria hat tiefgreifende theologische Implikationen und berührt verschiedene Aspekte des christlichen Glaubens und der christlichen Praxis.

1. Übersicht über ikonografische Darstellungen

Die ikonografische Darstellung von Maria als dunkelhäutige Frau stellt traditionelle Bilder in Frage und lädt zu einem Rückblick auf die Art und Weise ein, wie der christliche Glaube im Laufe der Jahrhunderte visualisiert und interpretiert wurde.

- **Ikonografische Exklusivität:** Die Annahme einer Darstellung Mariens mit dunkler Hautfarbe fördert eine umfassendere Ikonographie, die die Vielfalt der Weltkirche widerspiegelt [44].

- **Kulturelle Repräsentation:** Diese ikonografische Überarbeitung wertet lokale Kulturen und Traditionen auf und erkennt die Bedeutung der kulturellen Repräsentation im spirituellen Leben christlicher Gemeinschaften an [45].

2. Stärkung der Spiritualität unterdrückter Gemeinschaften

Die Figur der Schwarzen Madonna hatte oft eine besondere Bedeutung für unterdrückte Gemeinschaften, die sie als Symbol des Widerstands und der Hoffnung betrachten.

---

[44] *Der Kult der Schwarzen Jungfrau,* Ein Berg, 1985, S. 132
[45] *Bilder der Muttergottes: Wahrnehmungen der Theotokos in Byzanz,* Maria Vassilaki, 2005, S. 87

- **Symbol der Solidarität:** Die Verehrung der Schwarzen Madonna als Symbol der Solidarität mit den Armen und Unterdrückten unterstreicht die christliche Botschaft von sozialer Gerechtigkeit und Gleichheit [46].

- **Quelle des Trostes:** Für viele Gemeinschaften stellt die Schwarze Madonna eine Quelle des Trostes und Schutzes dar und stärkt ihren Glauben und ihre Widerstandsfähigkeit angesichts von Schwierigkeiten [47].

3. Theologische Reflexion über Vielfalt und Inkarnation

Die Idee einer dunkelhäutigen Maria lädt zu einer tieferen Reflexion über Vielfalt und Inkarnation im christlich-theologischen Kontext ein.

- **Universalität der Menschwerdung:** Die Anerkennung Marias als dunkelhäutige Frau stärkt die Idee der Menschwerdung Gottes in einem spezifischen historischen und kulturellen Kontext und betont die volle Menschlichkeit Jesu und seine Identifikation mit allen Menschen [48].

- **Theologie der Vielfalt:** Diese theologische Perspektive feiert Vielfalt als Widerspiegelung göttlicher Kreativität und einen inneren Wert der christlichen Gemeinschaft [49].

Die Theologie der Schwarzen Madonna stellt einen reichhaltigen Bereich der Reflexion und Debatte dar und berührt Fragen der Repräsentation, Exklusivität und sozialer Gerechtigkeit. Die Untersuchung, wie die christliche Theologie sich der Figur der Schwarzen Madonna und den

---

[46] *Unsere Liebe Frau der Nationen: Erscheinungen Mariens im katholischen Europa des 20. Jahrhunderts,* Chris Maunder, 2016, S. 60
[47] *Schwarze Madonnen: Feminismus, Religion und Politik in Italien,* Lucia Chiavola Birnbaum, 2000, p. 48
[48] *Maria im frühchristlichen Glauben und der Hingabe,* Stephen J. Shoemaker, 2016, S. 82
[49] *Die Bibel und die Heiligen Väter,* 1990, S. 760

theologischen Implikationen einer dunkelhäutigen Maria genähert und sie interpretiert hat, bietet ein tieferes und differenzierteres Verständnis des christlichen Glaubens und seiner kulturellen Ausdrucksformen.

Teil V: Die Schwarze Madonna in Volkstraditionen

Kapitel 11: Anbetung und Volksverehrung

Einführung

Der Kult und die volkstümliche Verehrung der Schwarzen Madonna stellen ein komplexes Phänomen dar, das tief in verschiedenen Kulturen und religiösen Traditionen verwurzelt ist. In diesem Kapitel werden die verschiedenen Volkstraditionen im Zusammenhang mit der Schwarzen Madonna in verschiedenen Teilen der Welt sowie die wichtigsten Feiertage und Feiern zu Ehren dieser verehrten Figur untersucht.

Beliebte Traditionen im Zusammenhang mit der Schwarzen Madonna in verschiedenen Kulturen

Die mit der Schwarzen Madonna verbundenen Volkstraditionen variieren stark von Region zu Region und spiegeln die unterschiedlichen kulturellen und religiösen Erfahrungen der Gemeinschaften wider, die sie verehren. Im

Folgenden betrachten wir einige der bedeutendsten Traditionen in Europa, Afrika und Lateinamerika.

1. Europa

In Europa wird die Schwarze Madonna in zahlreichen Heiligtümern und Kirchen verehrt, mit jahrhundertealten Traditionen. Zu den berühmtesten Darstellungen gehören die Madonna von Montserrat in Spanien, die Madonna von Tschenstochau in Polen und die Madonna von Loreto in Italien.

Dort Madonna Von Montserrat (Spanien): Unsere Liebe Frau von Montserrat, auch bekannt als „La **Moreneta** ", ist eine der am meisten verehrten Ikonen Spaniens. Die im Kloster Montserrat bei Barcelona aufbewahrte Madonna-Statue ist Gegenstand jährlicher Wallfahrten und Feiern. Der Überlieferung nach wurde die Statue vom Heiligen Lukas geschaffen und vom Heiligen Petrus nach Spanien gebracht. Seine Verehrung reicht bis ins 9. Jahrhundert zurück [50].

Dort Madonna Von Częstochowa (Polen): Unsere Liebe Frau von Częstochowa, bekannt als „Königin von Polen", ist eine der wichtigsten religiösen Persönlichkeiten des Landes. Sein Bild ist mit zahlreichen Wundern und dem Schutz der polnischen Nation verbunden. Das Heiligtum Jasna Góra, in dem die Ikone aufbewahrt wird, zieht jedes Jahr Millionen von Pilgern an [51].

Dort Madonna Von Loreto (Italien): Die Madonna von Loreto wird im Heiligtum des Heiligen Hauses in Loreto verehrt, wohin vermutlich auch der Geburtsort der Jungfrau Maria transportiert wurde. Der Überlieferung nach

---

[50] Montserrat: Eine Geschichte, Hugh E.M. Stutfield, 1920, S. 34
[51] Die Schwarze Madonna von Tschenstochau, Janusz Rosikon, 1999, S. 15

wurde das Haus 1294 von Engeln aus Palästina nach Loreto gebracht. Die Statue der Schwarzen Madonna steht im Mittelpunkt der Feierlichkeiten und Wallfahrten [52].

2. Afrika

In Afrika ist die Verehrung der Schwarzen Madonna oft mit lokalen Traditionen und indigenen religiösen Praktiken verknüpft. Die Figur der Schwarzen Madonna gilt als kraftvolles Symbol der Mutterschaft und des Schutzes.

Unser Dame des Kongo (Demokratische Republik Kongo): Die Verehrung Unserer Lieben Frau vom Kongo ist in den katholischen Regionen des Landes besonders stark ausgeprägt. Die Schwarze Madonna wird als beschützende Mutter und Hoffnungsfigur für die örtlichen Gemeinschaften verehrt. Zu den Feierlichkeiten zu seinen Ehren gehören Prozessionen und traditionelle Lieder [53].

Unsere Dame **von dem Frieden** (Elfenbeinküste): Das Heiligtum Unserer Lieben Frau vom Frieden in Yamoussoukro, Elfenbeinküste, ist eines der größten der Welt. Die Schwarze Madonna wird als Symbol des Friedens und der Einheit der Nation verehrt. Zu den Feierlichkeiten gehören feierliche Messen und Prozessionen [54].

3. Lateinamerika

In Lateinamerika wurzelt die Verehrung der Schwarzen Madonna in

---

[52] Das Heiligtum von Loreto und das Heilige Haus, Lady Herbert, 1870, p. 5
[53] Afrikanischer Katholizismus und die Vernacular Church, Laurenti Magesa, 2004, p. 76
[54] Maria in Afrika: Mutter und mehr, Deirdre Cornell, 2008, p. 43

katholischen Traditionen, die von spanischen und portugiesischen Kolonialherren mitgebracht wurden und oft mit dem Glauben der lokalen Ureinwohner verknüpft sind.

Unsere Dame **von** Guadalupe (Mexiko): Obwohl das Bild Unserer Lieben Frau von Guadalupe nicht unbedingt eine schwarze Madonna ist, haben ihre dunkle Haut und ihr Aussehen für Juan Diego, einen indigenen Mexikaner, sie zu einem starken Symbol für die Ureinwohner und Mestizen Mexikos gemacht. Die Basilika von Guadalupe ist einer der wichtigsten Wallfahrtsorte der Welt [55].

Unsere Dame **Von Aparecida** (Brasilien): Die Statue Unserer Lieben Frau von Aparecida, der Schutzpatronin Brasiliens, ist eine zentrale Figur der Volksfrömmigkeit. Die Schwarze Madonna wurde 1717 von Fischern gefunden und wird im großen Heiligtum von Aparecida verehrt, das jedes Jahr Millionen von Pilgern anzieht [56].

Die wichtigsten Feiertage und Feste

Die der Schwarzen Madonna gewidmeten Feiertage und Feiern sind Momente von großer Bedeutung für die Gemeinschaften, die sie verehren. Zu diesen Veranstaltungen gehören Prozessionen, feierliche Messen, Tänze und andere traditionelle Riten.

1. Fest Unserer Lieben Frau von Montserrat (Spanien)

Das Fest Unserer Lieben Frau von Montserrat wird am 27. April mit

---

[55] Die Guadalupan-Andacht in Mexiko-Stadt, Stafford Poole, 1995, p. 68
[56] Black Womanhood: The Emergence of the African-American Woman Novelist, Wilfred Samuels, 1989, p. 88

feierlichen Messen, Prozessionen und Wallfahrten zum Kloster Montserrat gefeiert. Während der Feier wird die Madonnenstatue in einer Prozession getragen und die Gläubigen opfern Blumen und Kerzen. Das Fest ist ein Moment großer Hingabe und Feier für die örtliche Gemeinschaft [57].

2. Fest Unserer Lieben Frau von Tschenstochau (Polen)

Das Hauptfest Unserer Lieben Frau von Tschenstochau findet am 26. August, dem Tag ihres liturgischen Festes, statt. Tausende Pilger begeben sich zum Heiligtum Jasna Góra, um an feierlichen Messen, Prozessionen und Gebetswachen teilzunehmen. Die Verehrung Unserer Lieben Frau von Tschenstochau ist ein zentrales Element der polnischen religiösen und nationalen Identität [58].

3. Fest der Madonna von Loreto (Italien)

Das Fest der Madonna von Loreto wird am 10. Dezember zum Gedenken an die wundersame Überführung des Heiligen Hauses gefeiert. Die Feierlichkeiten umfassen feierliche Messen, Prozessionen und traditionelle Riten, die Pilger aus ganz Italien und dem Ausland anziehen. Unsere Liebe Frau von Loreto ist auch die Schutzpatronin der Flieger, und der Feiertag wird mit besonderen Veranstaltungen auf italienischen Luftwaffenstützpunkten gefeiert [59].

---

[57] Montserrat: Eine Geschichte, Hugh E.M. Stutfield, 1920, S. 45
[58] Die Schwarze Madonna von Tschenstochau, Janusz Rosikon, 1999, S. 23
[59] Das Heiligtum von Loreto und das Heilige Haus, Lady Herbert, 1870, p. 61

4. Fest Unserer Lieben Frau von Guadalupe (Mexiko)

Das Fest Unserer Lieben Frau von Guadalupe ist eines der größten Marienfeste der Welt und wird am 12. Dezember gefeiert. Millionen von Pilgern besuchen die Basilika von Guadalupe, um an Messen, Prozessionen und traditionellen Tänzen teilzunehmen. Die Feier ist ein Moment großer religiöser Inbrunst und Volksfeier [60].

5. Fest Unserer Lieben Frau von Aparecida (Brasilien)

Das Fest Unserer Lieben Frau von Aparecida wird am 12. Oktober gefeiert, dem Tag, an dem die Statue gefunden wurde. Die Feier umfasst feierliche Messen, Prozessionen und kulturelle Veranstaltungen, die Millionen von Gläubigen in die Wallfahrtskirche Aparecida locken. Die Verehrung Unserer Lieben Frau von Aparecida ist ein zentrales Element des brasilianischen katholischen Glaubens [61].

Der Kult und die volkstümliche Verehrung der Schwarzen Madonna zeugen von der Tiefe und Vielfalt des christlichen Glaubens. Die mit dieser Marienfigur verbundenen Volkstraditionen und Feiern spiegeln die kulturellen und religiösen Erfahrungen der Gemeinschaften wider, die sie verehren, und bieten einen einzigartigen Einblick in die Volksspiritualität und den Reichtum globaler religiöser Praktiken.

---

[60] Die Guadalupan-Andacht in Mexiko-Stadt, Stafford Poole, 1995, p. 74
[61] Black Womanhood: The Emergence of the African-American Woman Novelist, Wilfred Samuels, 1989, p. 94

85

Kapitel 12: Geschichten und Legenden

Einführung

Volksgeschichten und Legenden haben eine entscheidende Rolle dabei gespielt, das Bild der Schwarzen Madonna zu formen und aufrechtzuerhalten. Diese von Generation zu Generation weitergegebenen Geschichten spiegeln oft die Überzeugungen, Hoffnungen und Ängste der Gemeinschaften wider, die die Schwarze Madonna verehren. In diesem Kapitel werden wir einige der faszinierendsten Legenden rund um die Schwarze Madonna untersuchen und die Folklore und lokalen Erzählungen analysieren, die die Idee einer dunkelhäutigen Maria stützen.

Beliebte Geschichten und Legenden

1. Unsere Liebe Frau von Montserrat

Eine der berühmtesten Legenden betrifft die Madonna von Montserrat, bekannt als „La Moreneta". Der Legende nach wurde die Madonna-Statue im 9. Jahrhundert von einigen Hirten in einer Höhle auf dem Berg Montserrat gefunden. Der Legende nach strahlte die Statue ein außergewöhnliches Licht aus, das die Hirten zum Fundort führte. Trotz Versuchen, sie zu bewegen, weigerte sich die Statue, die Höhle zu verlassen, was als Zeichen dafür interpretiert wurde, dass die Madonna dortbleiben wollte. Dieses wundersame Ereignis festigte die Verehrung Unserer Lieben Frau von Montserrat und trug zum Bau des Klosters bei [62].

2. Unsere Liebe Frau von Tschenstochau

Die Legende der Madonna von Tschenstochau erzählt, dass die Ikone vom Heiligen Lukas auf die Holzplatte eines Tisches gemalt wurde, der der Heiligen Familie diente. Die Ikone wurde im 14. Jahrhundert von einem russischen Fürsten nach Polen gebracht. Während eines Angriffs der Tataren versuchte ein Soldat, die Ikone zu stehlen, wurde jedoch vom Blitz getroffen und sofort getötet. Darüber hinaus wurde die Ikone bei einem Überfall der Hussiten versucht, zerstört zu werden, reparierte sich aber auf wundersame Weise von selbst, wobei nur wenige Narben auf dem Gesicht der Madonna sichtbar waren. Dies stärkte den Glauben an die wundersame Kraft der Ikone [63].

---

[62] *Montserrat: Eine Geschichte* , Hugh E. M. Stutfield, 1920, p. 34
[63] *Die Schwarze Madonna von Tschenstochau,* Janusz Rosikon, 1999, S. 15

3. Die Madonna von Loreto

Die Legende der Madonna von Loreto erzählt, dass das Haus der Jungfrau Maria im Jahr 1294 auf wundersame Weise von Engeln von Palästina nach Loreto in Italien transportiert wurde. Dieses außergewöhnliche Ereignis wurde als göttliches Zeichen für den Schutz der Madonna über Loreto interpretiert. Das Heilige Haus ist zu einem wichtigen Wallfahrtsort geworden und die Statue der Schwarzen Madonna wird als Symbol der mütterlichen und schützenden Präsenz Mariens verehrt [64].

4. Unsere Liebe Frau von Guadalupe

Obwohl es sich nicht ausschließlich um eine schwarze Madonna handelt, weist die Legende von Unserer Lieben Frau von Guadalupe wichtige Elemente auf, die sie mit Erzählungen über dunkelhäutige Madonnen verbinden. Der Überlieferung nach erschien die Jungfrau Maria im Jahr 1531 dem indigenen Azteken Juan Diego und bat ihn, ihr zu Ehren eine Kirche zu bauen. Um den Bischof von der Wahrhaftigkeit der Erscheinung zu überzeugen, ließ die Madonna ein Bild von sich selbst auf der Tilman von Juan Diego erscheinen. Seine dunkle Haut und sein indigenes Aussehen machten dieses Bild zu einem starken Symbol für die Ureinwohner Mexikos [65].

5. Unsere Liebe Frau von Aparecida

In Brasilien erzählt die Legende der Madonna von Aparecida von einer

---

[64] *Das Heiligtum von Loreto und das Heilige Haus,* Lady Herbert, 1870, S. 54
[65] *The Guadalupan Devotion in Mexico City,* Stafford Poole, 1995, S. 68

Statue der Madonna, die 1717 von einigen Fischern im Fluss Piraya gefunden wurde. Die Statue, die schwarz und mit Schlamm bedeckt war, wurde in zwei separaten Teilen gefunden: dem Körper und dem Kopf. Nach der Wiedervereinigung war der Fang der Fischer auf wundersame Weise reichlich. Dieses Ereignis wurde als Zeichen des Schutzes und der Güte der Madonna interpretiert und die Statue wurde zum Symbol der Hoffnung für das brasilianische Volk [66].

Analyse von Folklore und lokalen Erzählungen

Die mit der Schwarzen Madonna verbundenen Legenden und Volksmärchen spiegeln nicht nur religiöse Überzeugungen wider, sondern auch die sozialen, wirtschaftlichen und kulturellen Bedingungen der Gemeinschaften, die sie hervorgebracht haben. Die Analyse von Folklore und lokalen Erzählungen kann zu einem tieferen Verständnis der symbolischen Bedeutung der Schwarzen Madonna führen.

1. Die Kraft der Resilienz

Viele Legenden über die Schwarze Madonna betonen ihre Fähigkeit, Widrigkeiten zu widerstehen und sie zu überwinden. Dieses Thema wird in der Geschichte Unserer Lieben Frau von Tschenstochau deutlich, die den Zerstörungsversuch überlebte und weiterhin das polnische Volk beschützte. Diese Widerstandsfähigkeit spiegelt die Stärke und Beharrlichkeit von Gemeinschaften wider, die die Schwarze Madonna verehren, oft in

---

[66] *Black Womanhood: The Emergence of the African-American Woman Novelist,* Wilfred Samuels, 1989, S. 88

Kontexten von Unterdrückung und Not [67].

2. Die Verbindung mit Erde und Natur

In vielen Kulturen ist die Schwarze Madonna eng mit der Erde und der Natur verbunden. Die Legende Unserer Lieben Frau von Montserrat, die in einer Höhle auf einem Berg gefunden wurde, symbolisiert eine tiefe Verbundenheit mit der Erde. Ebenso spiegelt die Geschichte der im Fluss gefundenen Madonna von Aparecida eine Verbindung zu natürlichen Ressourcen und Fruchtbarkeit wider. Diese Erzählungen finden besonders großen Anklang in ländlichen Gemeinden, wo das tägliche Leben eng mit natürlichen Kreisläufen verbunden ist.[68]

3. Inklusion und Akzeptanz von Vielfalt

Darstellungen der Schwarzen Madonna integrieren oft Elemente lokaler Kulturen und schaffen so ein umfassendes Symbol, das verschiedene Traditionen vereint. Die Geschichte Unserer Lieben Frau von Guadalupe mit ihrem indigenen Aspekt ist ein eindrucksvolles Beispiel dafür, wie die Figur Unserer Lieben Frau angepasst werden kann, um kulturelle Vielfalt widerzuspiegeln und zu feiern. Diese Symbolik der Inklusion ist in multikulturellen und multiethnischen Gesellschaften von grundlegender Bedeutung [69].

Die Geschichten und Volkslegenden rund um die Schwarze Madonna bieten eine reichhaltige Quelle für Einblicke in die Überzeugungen, Werte

---

[67] *Die Schwarze Madonna von Tschenstochau,* Janusz Rosikon, 1999, S. 23
[68] *Montserrat: Eine Geschichte,* Hugh E. M. Stutfield, 1920, p. 45
[69] *The Guadalupan Devotion in Mexico City,* Stafford Poole, 1995, S. 74

und Erfahrungen der Gemeinschaften, die sie verehren. Durch die Analyse von Folklore und lokalen Erzählungen können wir die symbolische Bedeutung der Schwarzen Madonna und die Rolle, die sie bei der Stärkung des Glaubens und der kulturellen Identität der Bevölkerung spielt, besser verstehen.

Teil VI: Kulturelle und soziale Implikationen

Kapitel 13: Überlegungen zur Vielfalt

Einführung

Die Darstellung religiöser Figuren, wie etwa der Jungfrau Maria, in unterschiedlichen Formen und Farben hat einen erheblichen Einfluss auf die Wahrnehmung des Glaubens und der Gemeinschaft der Gläubigen. Die ethnische und kulturelle Vielfalt in der Darstellung Mariens bereichert nicht nur das ikonografische Erbe des Christentums, sondern fördert auch eine Botschaft der Exklusivität und Universalität. In diesem Kapitel werden wir die Bedeutung der ethnischen und kulturellen Vielfalt bei der Darstellung religiöser Figuren und die Auswirkungen der Darstellung Marias als schwarze Frau auf den zeitgenössischen Glauben untersuchen.

Bedeutung der ethnischen und kulturellen Vielfalt bei der Darstellung religiöser Figuren

1. Exklusivität und Repräsentation

Ethnische und kulturelle Vielfalt in der Darstellung religiöser Figuren wie Maria ermöglicht es Menschen unterschiedlicher Herkunft, sich in heiligen Bildern widergespiegelt zu sehen. Dieses Gefühl der Exklusivität kann die persönliche Bindung zum Glauben stärken und religiöse Praktiken für ein breites Spektrum von Gläubigen zugänglicher und sinnvoller machen. Darstellungen von Maria als schwarze Frau sind besonders wichtig für farbige Gemeinschaften, die sich ansonsten möglicherweise von traditionellen Bildern der Madonna ausgeschlossen fühlen [70].

2. Anerkennung historischer Wurzeln

Verschiedene Mariendarstellungen können auch die historischen Wurzeln des christlichen Glaubens erkennen und würdigen. Palästina war im ersten Jahrhundert eine multiethnische Region und die Möglichkeit, dass Maria eine dunkle Hautfarbe hatte, ist historisch plausibel. Maria als schwarze Frau darzustellen ist nicht nur eine Frage der modernen Exklusivität, sondern auch der genauen Anerkennung der historischen Ursprünge des Christentums [71].

---

[70] *Schwarze Madonnen: Feminismus, Religion und Politik in Italien,* Lucia Chiavola Birnbaum, 2000, p. 102
[71] *Der nahöstliche Hintergrund von Jesus,* Kenneth E. Bailey, 2008, p. 54

3. Förderung des interkulturellen Dialogs

Vielfalt in religiösen Darstellungen kann auch den interkulturellen und interreligiösen Dialog fördern. Die Figur der Schwarzen Madonna kann als Brücke zwischen verschiedenen religiösen und kulturellen Traditionen dienen und zu mehr Verständnis und gegenseitigem Respekt beitragen. Dies ist besonders relevant in einer zunehmend globalisierten Welt, in der Gemeinschaften häufig aus Menschen unterschiedlicher ethnischer und religiöser Herkunft bestehen [72].

Einfluss der Darstellung Marias als schwarze Frau auf den zeitgenössischen Glauben

1. Stärkung der kulturellen Identität

Für viele farbige Gemeinschaften kann Marias Darstellung als schwarze Frau die kulturelle Identität und das Selbstvertrauen stärken. Heilige Bilder, die die ethnische Zugehörigkeit eines Menschen widerspiegeln, können starke Symbole für Stolz und Widerstand sein. In einem Kontext, in dem farbige Menschen oft diskriminiert und ausgegrenzt werden, kann die Schwarze Madonna ein Symbol für Würde und inneren Wert darstellen [73].

2. Stereotypen und Vorurteile hinterfragen

Die Darstellung von Maria als schwarze Frau stellt auch rassistische Stereotypen und Vorurteile in Frage. Es zeigt, dass Heiligkeit und Reinheit

---

[72] *Globalisierung des Heiligen: Religion in ganz Amerika,* Manuel A. Vásquez, Marie F. Marquardt, 2003, p. 23
[73] *Der schwarze Christus,* Kelly Brown Douglas, 1993, S. 88

nicht nur auf einen ethnischen Typ oder eine Hautfarbe beschränkt sind. Dies kann eine befreiende und transformierende Wirkung haben, sowohl für People oft Color als auch für diejenigen, die rassistische Vorurteile verinnerlicht haben. Es ist eine kraftvolle Erinnerung daran, dass Heiligkeit über die menschlichen Kategorien von Rasse und Hautfarbe hinausgeht [74].

3. Förderung von Gerechtigkeit und sozialer Gerechtigkeit

Bilder der Schwarzen Madonna können auch Instrumente zur Förderung von Gerechtigkeit und sozialer Gerechtigkeit sein. Sie erinnern die Gläubigen daran, dass die göttliche Gerechtigkeit allumfassend ist und dass in den Augen Gottes alle gleich sind. Dies kann zu konkreten Maßnahmen zur Bekämpfung von Rassismus und Ungerechtigkeit in Glaubensgemeinschaften und der Gesellschaft insgesamt führen. Die Schwarze Madonna wird so zum Symbol des Kampfes für die Menschenrechte und die Würde aller Menschen [75].

4. Bereicherung der persönlichen und gemeinschaftlichen Spiritualität

Schließlich kann die Darstellung Marias als schwarze Frau die persönliche und gemeinschaftliche Spiritualität bereichern. Für viele ist die Schwarze Madonna eine Quelle des Trostes und der Inspiration. Seine Darstellungen können eine tiefere Verbindung mit der Göttlichkeit hervorrufen, die als engeres und besseres Verständnis menschlicher Erfahrungen wahrgenommen wird. Dies kann den Glauben stärken und eine integrativere

---

[74] *Jesus und die Enterbten,* Howard Thurman, 1949, S. 58
[75] *Die Politik Jesu,* John Howard Yoder, 1994, S. 134

und mitfühlendere Spiritualität fördern [76].

Ethnische und kulturelle Vielfalt in Darstellungen der Jungfrau Maria ist für die Kirche und den christlichen Glauben insgesamt von grundlegender Bedeutung. Die Darstellung von Maria als schwarze Frau spiegelt nicht nur eine historische und kulturelle Realität wider, sondern fördert auch Exklusivität, Gerechtigkeit und interkulturellen Dialog. Für zeitgenössische Gläubige stellt die Schwarze Madonna eine Figur der Hoffnung, des Widerstands und der Würde dar, die ihre Spiritualität bereichert und ihr Engagement für eine gerechtere und gerechtere Welt stärkt.

---

[76] *Womanist Theological Ethics: A Reader,* Katie Geneva Cannon, Emilie M. Townes, Angela D. Sims, 2011, p. 147

Kapitel 14: Die Schwarze Madonna und soziale Eingliederung

Die Schwarze Madonna als Symbol für Inklusion und Akzeptanz

Die Darstellung der Schwarzen Madonna hat eine tiefgreifende Bedeutung für die soziale Integration und Akzeptanz innerhalb von Glaubensgemeinschaften und darüber hinaus. In diesem Kapitel wird untersucht, wie die Figur der Schwarzen Madonna für viele zu einem Symbol für Vielfalt und Akzeptanz geworden ist.

1. Symbolik der Schwarzen Madonna

Schwarze Madonnen sind künstlerische Mariendarstellungen, die die Jungfrau mit dunkler oder schwarzer Gesichtsfarbe zeigen. Diese Darstellungen sind in verschiedenen Teilen der Welt zu finden und unterstreichen ihre transkulturelle und interreligiöse Relevanz [77].

2. Akzeptanz der Vielfalt

Die Anwesenheit schwarzer Madonnen in christlichen Traditionen war oft eine Botschaft der Akzeptanz der ethnischen und kulturellen Vielfalt innerhalb des christlichen Glaubens. Diese Bilder boten marginalisierten Gemeinschaften die Möglichkeit, sich selbst in den heiligsten religiösen Symbolen dargestellt zu sehen [78].

3. Rolle bei der Förderung der Inklusion

Darstellungen der Schwarzen Madonna haben eine wichtige Rolle bei der Förderung der sozialen Integration gespielt. Sie haben dazu beigetragen, rassistische Stereotypen in Frage zu stellen und eine umfassendere Vision von Heiligkeit und Heiligkeit zu fördern. Dies hatte positive Auswirkungen auf den sozialen Zusammenhalt innerhalb der Glaubensgemeinschaften und förderte einen umfassenderen interkulturellen Dialog [79].

4. Erforschung lokaler Traditionen

Schwarze Madonnen werden oft mit lokalen Traditionen und besonderen Festen in Verbindung gebracht, die die Vielfalt und den Reichtum menschlicher Kulturen feiern. Die Erforschung dieser Traditionen bietet die

---

[77] *Schwarze Madonnen: Feminismus, Religion und Politik in Italien,* Lucia Chiavola Birnbaum, 2000, p. 65

[78] *Der schwarze Christus,* Kelly Brown Douglas, 1993, S. 112

[79] *Globalisierung des Heiligen: Religion in ganz Amerika,* Manuel A. Vásquez, Marie F. Marquardt, 2003, p. 89

Möglichkeit zu verstehen, wie religiöser Glaube durch eine Vielzahl kultureller und spiritueller [80]Praktiken erlebt und gefeiert werden kann .

Wie sich die Darstellung Mariens auf die Weltgemeinschaft auswirkt

1. Botschaft der Einheit und Solidarität

Die Darstellung der Schwarzen Madonna als Symbol der Inklusion vermittelte eine Botschaft der Einheit und Solidarität zwischen verschiedenen globalen Gemeinschaften. Dieses Symbol hat das Potenzial, kulturelle und soziale Spaltungen zu überwinden und eine gemeinsame Vision von Frieden und gegenseitigem Respekt zu fördern [81].

2. Reaktion auf aktuelle Herausforderungen

Im Kontext aktueller globaler Herausforderungen wie Rassismus und Fremdenfeindlichkeit kann die Darstellung der Schwarzen Madonna ein Modell für eine positive und konstruktive Reaktion sein. Es lädt die Menschen ein, Vielfalt zu feiern und sich für eine gerechtere und integrativere Gesellschaft einzusetzen, die die vom christlichen Glauben geförderten Werte Mitgefühl und Gleichheit widerspiegelt [82].

3. Auswirkungen auf Bildung und Bewusstsein

Bilder der Schwarzen Madonna werden auch zur Aufklärung und

---

[80] *Der Kult der Schwarzen Jungfrau,* Ean Begg, 1985, S. 76
[81] *Jesus und die Enterbten,* Howard Thurman, 1949, S. 78
[82] *Die Politik Jesu,* John Howard Yoder, 1994, p. 10

Sensibilisierung für kulturelle und religiöse Vielfalt verwendet. Durch akademische Studien, kulturelle Veranstaltungen und interreligiöse Dialoge sind Schwarze Madonnen weiterhin Instrumente zur Förderung des interkulturellen Verständnisses und des Weltfriedens [83].

Die Darstellung der Schwarzen Madonna als Symbol für Inklusion und Akzeptanz hat eine entscheidende Rolle bei der Förderung der Vielfalt und dem Brückenbau zwischen verschiedenen globalen Gemeinschaften gespielt. In diesem Kapitel wurde hervorgehoben, wie schwarze Madonnen zu Symbolen der Hoffnung und Einheit geworden sind und Gläubige dazu einladen, sich für soziale Gerechtigkeit und ein friedliches Zusammenleben aller Menschen einzusetzen.

---

[83] *Womanist Theological Ethics: A Reader,* Katie Geneva Cannon, Emilie M. Townes, Angela D. Sims, 2011, p. 205

Kapitel 15: Marienerscheinungen in der christlichen Tradition

Einleitung zum Kapitel

Marienerscheinungen stellen ein bedeutendes Phänomen in der Geschichte der christlichen Spiritualität dar, dass durch die Manifestation Marias, der Mutter Jesu, gegenüber Einzelpersonen oder Gruppen von Gläubigen in verschiedenen Teilen der Welt gekennzeichnet ist. In diesem Kapitel werden die berühmtesten Marienerscheinungen untersucht, ihre Auswirkungen auf die öffentliche Frömmigkeit analysiert und die traditionelle Ikonographie der Jungfrau Maria untersucht.

1. Die berühmtesten Marienerscheinungen

Marienerscheinungen sind Ereignisse, bei denen sich die Gestalt Mariens in Form von Visionen, Botschaften oder Wundern manifestiert. Zu den bekanntesten zählen:

- **Lourdes (1858):** Bernadette Soubirous berichtete, sie habe die Madonna in der Massabielle-Höhle gesehen, was zu einer weit verbreiteten Verehrung der Madonna von Lourdes führte.
- **Fatima (1917):** Drei Kinder in Fatima, Portugal, erhielten eine Reihe von Erscheinungen von Unserer Lieben Frau mit Botschaften des Gebets, der Buße und des Weltfriedens.
- **Guadalupe (1531):** Juan Diego sah die Jungfrau von Guadalupe in der Nähe von Mexiko-Stadt und begann damit eine der größten Marienandachten in Lateinamerika.

2. Traditionelle Ikonographie der Jungfrau Maria

Die traditionelle marianische Ikonographie stellt Maria mit spezifischen Merkmalen dar, die sich im Laufe der Jahrhunderte entwickelt haben:

- **Blauer Umhang:** Die blaue Farbe von Marias Umhang symbolisiert ihre Reinheit und ihre Rolle als Königin des Himmels.
- **Krone aus 12 Sternen:** Verweis auf Marias Vision in der Bibel (Offenbarung 12,1), wo sie als eine Frau beschrieben wird, die mit der Sonne bekleidet ist und eine Krone aus zwölf Sternen trägt.

1. Beschreibung der Marienerscheinungen

Marienerscheinungen werden oft von spirituellen Botschaften und Bitten um Gebet, Buße und Umkehr begleitet. In diesem Kapitel werden die Umstände und Kernbotschaften einiger der einflussreichsten Erscheinungen in der Geschichte des Christentums im Detail untersucht [84].

2. Bedeutung und Wirkung der Erscheinungen

Marienerscheinungen hatten einen tiefgreifenden Einfluss auf die öffentliche Frömmigkeit und das spirituelle Leben der Gläubigen. Sie wurden als Zeichen göttlichen Eingreifens und als Aufruf zum Gebet und zur Versöhnung interpretiert [85].

3. Kritische Analyse der Interpretationen

Das Kapitel erörtert die unterschiedlichen theologischen und historischen Interpretationen der Marienerscheinungen und berücksichtigt dabei auch die Herausforderungen und Kontroversen, die einige von ihnen innerhalb der katholischen Kirche und der Glaubensgemeinschaften aufgeworfen haben [86].

4. Reflexionen der Erscheinungen in der Populärkultur

Marienerscheinungen haben die Populärkultur beeinflusst und wurden durch Pilgerfahrten, religiöse Feste und Werke sakraler Kunst gefeiert. Die Untersuchung dieser Überlegungen bietet die Möglichkeit zu verstehen, wie

---

[84] *The Apparitions of Our Lady at Medjugorje* , Elizabeth Clare Prophet, Summit University Press, 1984, S. 112

[85] *Marian Apparitions* , Donal Anthony Foley, Gracewing Publishing, 2007, S. 45-46

[86] *Visions of Mary: Global Apparitions Cultures* , Jill Krebs, University of Illinois Press, 2010, S. 88

religiöser Glaube in globalen Gemeinschaften erlebt und interpretiert wird [87].

In diesem Kapitel wurde die Bedeutung der Marienerscheinungen in der christlichen Geschichte und Spiritualität hervorgehoben und eine eingehende Analyse der theologischen Interpretationen, der Auswirkungen auf die Populärkultur und der traditionellen Ikonographie im Zusammenhang mit der Jungfrau Maria angeboten. Marienerscheinungen wecken weiterhin Interesse und Hingabe und dienen in religiösen und spirituellen Praktiken als Brücke zwischen dem Göttlichen und dem Menschlichen.

---

[87] *Miracles of Mary: Apparitions, Legends, and Miraculous Works of the Blessed Virgin Mary,* Michael S. Durham, St. Martin's Press, 2008, p. 122

Kapitel 16: Dunkelhäutige Maria in katholischer Darstellung

Die traditionelle Darstellung der Jungfrau Maria als weiße Frau mit blauem Umhang und einer Krone aus 12 Sternen dominiert seit Jahrhunderten die sakrale Kunst und die katholische Frömmigkeit. Es gibt jedoch Debatten und wachsendes Bewusstsein hinsichtlich der Möglichkeit, dass Maria dunkelhäutig gewesen sein könnte, da sie aus einer geografisch und kulturell vielfältigen Region stammt. In diesem Kapitel werden die Gründe für die weiße Darstellung Mariens in der katholischen Kirche untersucht und über die Auswirkungen einer möglichen ethnischen Vielfalt in ihrer Figur nachgedacht.

1. Traditionelle Mariendarstellung in der katholischen Kirche

Ikonographie und sakrale Kunst

Das Marienbild in der katholischen Kirche hat im Laufe der Jahrhunderte eine bedeutende Entwicklung erfahren, die nicht nur theologische Einflüsse, sondern auch kulturelle und künstlerische Veränderungen widerspiegelt. Die am weitesten verbreitete Darstellung ist die einer weißen Frau, oft mit einem blauen Umhang und einer Krone aus 12 Sternen, Symbolen der Reinheit, des Königtums und der Verbindung mit der apokalyptischen Vision Mariens, die in der Apokalypse des Johannes beschrieben wird (Offenbarung 12,1).

Ikonografische Entwicklung: In den ersten christlichen Darstellungen wurde Maria zunächst oft in einer nüchternen und bescheidenen Weise dargestellt, im Einklang mit den künstlerischen Traditionen der Zeit. Im Laufe der Zeit, insbesondere ab dem Mittelalter, wurde die marianische Ikonographie um Symbolik und Details bereichert, die die theologische Interpretation ihrer Figur widerspiegeln.

Stil und Symbolik: Werke sakraler Kunst trugen dazu bei, das Bild von Maria als mütterliche und für bittende Figur zu festigen, die Tugenden wie Barmherzigkeit, Mitgefühl und Heiligkeit verkörpert. Die Wahl, sie in weißer oder heller Kleidung darzustellen, oft im Kontrast zu ihrem dunkelblauen oder bläulichen Umhang, diente dazu, ihre Reinheit und spirituelle Erhebung hervorzuheben.

Historische und kulturelle Gründe

Die Entscheidung, Maria als weiße Frau mit blauem Umhang und Sternenkranz darzustellen, wurzelt in historischen, theologischen und kulturellen Motivationen, die das westliche Christentum geprägt haben:

Theologische Einflüsse: Die im Laufe der Jahrhunderte entwickelte marianische Theologie hat zur Definition der ikonografischen Merkmale Mariens beigetragen. Konzepte wie die Unbefleckte Empfängnis und die

Himmelfahrt beeinflussten ihre Darstellung als beispielhafte Figur der Reinheit und Heiligkeit.

Mittelalterliche Kulturalität: Im europäischen Mittelalter waren Darstellungen von Maria als Königin des Himmels und Mutter der Barmherzigkeit weit verbreitet, was sich in Gemälden, Skulpturen und Buntglasfenstern von Kathedralen und Klöstern widerspiegelte. Diese Bilder waren nicht nur ein Mittel zur religiösen Erziehung, sondern auch ein Symbol der Hoffnung und des Schutzes für die Gläubigen.

Popularität der Marienverehrung: Die wachsende öffentliche Verehrung Marias hat die Verwendung von Ikonographie unterstützt und gefördert, die sie auf eine für alle Christen zugängliche und erkennbare Weise darstellt. Diese Darstellung erleichterte die Verbreitung des marianischen Glaubens und festigte seine zentrale Rolle in der christlichen Spiritualität [88].

Dieser Einblick in die historischen und kulturellen Gründe für die traditionelle Darstellung Mariens in der westlichen katholischen Kirche verdeutlicht, wie sich sakrale Kunst und Theologie verflochten haben, um einer der ikonischsten und ehrwürdigsten Figuren des christlichen Glaubens Gestalt zu verleihen.

- **Ikonographie und sakrale Kunst:** Diskussion der Entwicklung des Marienbildes im Laufe der Jahrhunderte, mit besonderem Augenmerk auf ihre Darstellung als weiße Frau mit spezifischen Eigenschaften.

- **Historische und kulturelle Gründe** : Untersuchung der historischen und kulturellen Gründe für die Entscheidung, Maria in der westlichen katholischen Tradition auf diese Weise darzustellen [89].

---

[88] *Die Kunst der Ikone: Eine Theologie der Schönheit,* Paul Evdokimov, Oakwood Publications, 2010, S. 78-80

[89] *Das Bild der Schwarzen Madonna in Frankreich: Die vielen Gesichter Mariens,* Carol Richardson, Boydell Press, 2010, S. 67-68

2. Maria mit dunkler Hautfarbe: Hypothesen und Beweise

- **Historische und geografische Beweise:** Untersuchung historischer und archäologischer Beweise, die die Möglichkeit nahelegen, dass Maria dunkelhäutig gewesen sein könnte, unter Berücksichtigung des Kontextes Palästinas im 1. Jahrhundert. Palästina war im ersten Jahrhundert ein kultureller und ethnischer Knotenpunkt mit einer vielfältigen Bevölkerung, zu der Juden, Römer, Griechen und andere Ethnien aus den umliegenden Regionen gehörten. Dieses multikulturelle Umfeld könnte das äußere Erscheinungsbild von Menschen, einschließlich Maria und ihrer Familie, beeinflusst haben.

- **Theologische und kulturelle Debatte** : Diskussion moderner theologischer Ansichten und biblischer Interpretationen, die über die ethnische Vielfalt Mariens und ihre Bedeutung für den christlichen Glauben nachdenken [90]. Die Debatte um die dunkelhäutige Maria erstreckt sich auch auf moderne Theologie und Bibelauslegungen und beeinflusst das Verständnis der ethnischen Vielfalt in der marianischen Gestalt und ihrer Bedeutung für den christlichen Glauben.

- **Archäologische Beweise:** Obwohl es keine direkten physischen Porträts von Maria aus dem 1. Jahrhundert gibt, liefern archäologische Entdeckungen in der Region Hinweise auf die physischen Merkmale der Menschen dieser Zeit. Funde und Beschreibungen antiker semitischer Bevölkerungsgruppen deuten beispielsweise auf eine Vielzahl von Hauttönen hin, zu denen auch dunkle Töne gehören könnten.

---

[90] *Maria und die Schwarze Madonna: Kartierung einer feministischen Theologie,* Ginette Paris, Routledge, 1999, p. 115

3. Theologische und spirituelle Implikationen

- **Akzeptanz der Vielfalt:** Reflexion über die Auswirkungen einer dunkelhäutigen Maria auf die christliche Theologie und zeitgenössische Spiritualität, einschließlich Exklusivität und Akzeptanz ethnischer Vielfalt. Einige zeitgenössische Theologen argumentieren, dass die Darstellung Marias als weiße Frau möglicherweise das Ergebnis späterer kultureller und künstlerischer Einflüsse ist und nicht eine genaue Widerspiegelung ihres historischen Erscheinungsbildes.

- **Biblische Interpretationen:** Die Bibel liefert keine spezifischen Details über Marias körperliche Erscheinung. Moderne Interpretationen untersuchen jedoch die Möglichkeit, dass Maria, die ursprünglich aus einer Region des Nahen Ostens stammte, einen dunkleren Teint hatte als die traditionelle westliche Darstellung.

- **Erneuerung der Ikonographie:** Vorschläge für eine Neubewertung der marianischen Ikonographie, um eine genauere und umfassendere Darstellung der Mutter Jesu widerzuspiegeln.

Dieses Kapitel lädt zum kritischen Nachdenken über die traditionelle Darstellung Mariens in der katholischen Kirche und die Möglichkeit ein, dass sie dunkelhäutig gewesen sein könnte. Untersucht die theologische und kulturelle Debatte zu diesem Thema und hebt die Bedeutung eines offenen und inklusiven Dialogs über ethnische Vielfalt in heiligen Darstellungen hervor. Der Abschluss des Kapitels bietet Anregungen für einen bewussteren und respektvolleren Umgang mit der Darstellung Mariens im Einklang mit den Werten der Universalität und Akzeptanz, die die evangelische Botschaft fördert.

Kapitel 17: Zusammenfassung der Argumente

Im Laufe dieses Buches haben wir verschiedene Themen im Zusammenhang mit der Figur der Jungfrau Maria untersucht und uns dabei insbesondere auf die Möglichkeit konzentriert, dass sie dunkelhäutig gewesen sein könnte. Wir haben historische, kulturelle, theologische und künstlerische Beweise analysiert, um Licht auf diese Debatte zu werfen, die tiefgreifende Auswirkungen auf die Darstellung und Wahrnehmung Mariens in der christlichen Tradition hat.

Zusammenfassung der Hauptpunkte

1. **Traditionelle Darstellung Mariens:** Wir begannen mit der Untersuchung der traditionellen Ikonographie der Jungfrau Maria in

der katholischen Kirche, die sie üblicherweise als weiße Frau mit einem blauen Umhang und einer Krone aus Sternen darstellt, Symbolen der Reinheit und des Königtums.

2. **Historische und archäologische Beweise:** Wir haben historische und archäologische Beweise untersucht, die auf die Möglichkeit einer dunkelhäutigen Maria hinweisen, unter Berücksichtigung des Kontexts Palästinas im 1. Jahrhundert und der ethnischen Vielfalt der Region.

3. **Theologische und kulturelle Debatte:** Wir haben moderne theologische Ansichten und biblische Interpretationen in Bezug auf die ethnische Vielfalt Mariens angesprochen und untersucht, wie dies geschehen kann beeinflussen unser Verständnis seiner Gestalt und der evangelischen Botschaft.

4. **Theologische und soziale Implikationen:** Wir haben über die theologischen Implikationen einer dunkelhäutigen Maria nachgedacht, einschließlich der Akzeptanz ethnischer und kultureller Vielfalt innerhalb des christlichen Glaubens und der Möglichkeit einer Neubewertung der marianischen Ikonographie.

Antwort auf die Frage: Wer ist die Jungfrau Maria wirklich?

Nach Prüfung aller vorgelegten Beweise und Argumente kann die Frage, wer die Jungfrau Maria wirklich ist, anhand der verfügbaren Beweise nicht mit absoluter Sicherheit beantwortet werden. Wir können jedoch den Schluss ziehen, dass Maria eine komplexe und vielschichtige Figur ist, die in verschiedenen Epochen und Kulturen auf unterschiedliche Weise interpretiert und dargestellt wird.

Ihre Identität geht über die körperliche Erscheinung hinaus und spiegelt universelle spirituelle Tugenden wie Liebe, Mitgefühl und Heiligkeit wider, was sie zu einer zentralen Figur der christlichen Spiritualität macht. Ihre Darstellung als weiße Frau in der westkatholischen Tradition kann als ein Produkt der kulturellen und künstlerischen Einflüsse der Zeit interpretiert werden und nicht als genaue historische Aufzeichnung ihrer Hautfarbe.

Abschließende Überlegungen

Dieses Buch möchte eine ausgewogene Perspektive auf ein komplexes und kontroverses Thema bieten und die Leser dazu einladen, kritisch über die Darstellung Mariens und die Auswirkungen ethnischer und kultureller Vielfalt im christlichen Glauben nachzudenken. Kontinuierliche Forschung und offener Dialog sind unerlässlich, um unser Verständnis von Maria zu vertiefen und Vielfalt als zentralen Wert der christlichen Spiritualität zu akzeptieren.

Diese Schlussfolgerung fasst die wichtigsten Argumente und Überlegungen zusammen, die im Laufe des Buches aufgetaucht sind, und lädt die Leser ein, die Bedeutung und Bedeutung der Figur Mariens in ihrem spirituellen und kulturellen Leben weiter zu berücksichtigen.

ALLGEMEINE SCHLUSSFOLGERUNG

Überlegungen zur Bedeutung der Perspektive einer dunkelhäutigen Maria

Auf unserer Reise zur Erforschung der Möglichkeit, dass Maria dunkelhäutig gewesen sein könnte, beschäftigten wir uns mit tiefgreifenden Fragen zur Identität, Repräsentation und Akzeptanz der Vielfalt im christlichen Glauben. Diese Perspektive wirft wichtige Überlegungen auf, die einer weiteren Überlegung bedürfen.

Ikonografische Darstellung und kulturelle Vielfalt: Die Reflexion über eine dunkelhäutige Maria stellt das traditionelle Bild in Frage und lädt uns ein, darüber nachzudenken, wie künstlerische und kulturelle Darstellungen unser theologisches und spirituelles Verständnis beeinflussen können. Eine vielfältigere Darstellung Mariens könnte eine größere

Exklusivität und Repräsentation in der zeitgenössischen religiösen Praxis und Theologie fördern.

Akzeptanz der Vielfalt: Das Nachdenken über die Idee einer dunkelhäutigen Maria kann dazu beitragen, eine größere Akzeptanz der ethnischen Vielfalt innerhalb der christlichen Gemeinschaft und darüber hinaus zu fördern. Dies kann sich positiv auf den sozialen Zusammenhalt und die Einheit zwischen verschiedenen Kulturen und spirituellen Traditionen auswirken.

Universelle spirituelle Identität: Trotz der Unterschiede in der physischen Darstellung bleibt Maria eine universelle spirituelle Figur der mütterlichen Liebe, des Mitgefühls und des Glaubens. Seine Bedeutung geht über die äußere Erscheinung hinaus und stellt für Millionen von Gläubigen auf der ganzen Welt ein Leuchtfeuer der Hoffnung und Führung dar.

Zukünftige Implikationen für Forschung und Glauben

Weitere Forschung: Die Debatte über die dunkelhäutige Maria unterstreicht die Bedeutung weiterer historischer, archäologischer und theologischer Forschung, um ihre Figur und ihren historischen Kontext besser zu erforschen und zu verstehen.

Interreligiöser Dialog: Diese Perspektive kann einen breiteren interreligiösen Dialog über die Darstellung heiliger Figuren und die Vielfalt in der Spiritualität fördern. Offene Diskussionen und Respekt vor Unterschieden können unser gegenseitiges Verständnis bereichern und die interreligiöse Zusammenarbeit stärken.

Zukunft der marianischen Darstellung: Die Implikationen einer dunkelhäutigen Maria laden zu einer kritischen Überprüfung religiöser

Darstellungen und ihrer Relevanz in der heutigen Gesellschaft ein. Dies kann die zukünftige Entwicklung der marianischen Ikonographie und Andachtspraktiken positiv beeinflussen.

Schließung

Zusammenfassend lässt sich sagen, dass die Untersuchung der Hypothese einer dunkelhäutigen Maria nicht nur unser Panorama des historischen und kulturellen Verständnisses bereichert, sondern auch wichtige Fragen zur Repräsentation, Akzeptanz von Vielfalt und der Entwicklung des Glaubens aufwirft. Die weitere Erforschung dieser Themen kann zu größerer Exklusivität und Tiefe in der spirituellen Praxis und theologischen Forschung führen und so zu einem breiteren globalen Dialog über menschliche Spiritualität und ihren Ausdruck durch heilige Figuren beitragen.

Anhänge

Anhang A: Quellen und Bibliographie

Diese Liste enthält die Primär- und Sekundärquellen, die für die Recherche und dass Schreiben dieses Buches über die Schwarze Madonna und ihre historische, kulturelle und theologische Darstellung verwendet wurden.

Primäre Quellen

1. **Heilige Bibel:** CEI-Bibel (Italienische Bischofskonferenz), offizielle Version.

   o Zitate und biblische Hinweise zu Maria und ihren Darstellungen.

2. **Historische und archäologische Texte:**

   o Flavius Josephus, „Jüdische Altertümer".

   o Josephus, Flavius. „Der jüdische Krieg".

   o Archäologische Quellen aus dem 1. Jahrhundert in Palästina.

Sekundäre Quellen

1. **Bücher und Monographien:**

   o Brown, Raymond E. „Die Geburt des Messias: Ein Kommentar zu den Kindheitserzählungen in Matthäus und Lukas." Doubleday, 1993.

   o Jungmann, Joseph A. „Die Messe des Römischen Ritus: ihre Ursprünge und Entwicklung." Gebrüder Benziner, 1951.

   o Laurentin, René. „Der Kult der Jungfrau Maria: Psychologische Ursprünge". Gracewing Publishing, 1985.

2. **Wissenschaftliche Artikel und Zeitschriften:**

- o Smith, J. L. „Die Madonna des Volkes: Die Madonna von Tschenstochau in Polen." *Art Bulletin* 72, Nr. 2 (1990): 214–231.
- o Rossi, D. „Schwarze Madonnen: Ursprung, Geschichte und Kontroversen." *Religiös Studies Review* 37, Nr. 3 (2011): 197-211.

3. **Kirchendokumente:**

- o „Lumen Gentium", Dogmatische Konstitution über die Kirche des Zweiten Vatikanischen Konzils.
- o „Marianische Dokumente der Katholischen Kirche" (Kongregation für die Glaubenslehre).

Websites

1. **Online-Enzyklopädien:**

- o Katholische Online-Enzyklopädie, Artikel über Maria und die schwarzen Madonnen.
- o Britannica Online, Artikel zur Geschichte der Darstellung Mariens im Christentum.

Ikonografische Quellen

1. **Kunstwerke und Ikonographie:**

- o Ikonen und Gemälde der Schwarzen Madonnen in verschiedenen Museen und Privatsammlungen.
- o Christliche Kunstwerke aus vergangenen Jahrhunderten, die Maria darstellen.

Anhang B: Bilder und Illustrationen

Dieser Anhang enthält eine Auswahl relevanter Bilder und Illustrationen, die das Buch über die Schwarze Madonna begleiten und verschiedene historische und kulturelle Darstellungen der Figur Mariens hervorheben.

1. **Schwarze Madonna von Tschenstochau**
   - Bild der berühmten Ikone, die im katholischen Polen verehrt wird, mit dunklem Gesicht und reich verzierter Kleidung.

2. **Schwarze Madonna von Montserrat**
   - Illustration des schwarzen Bildes Unserer Lieben Frau von Montserrat, Schutzpatronin von Katalonien, Spanien, verehrt in der Basilika von Montserrat.

3. **Schwarze Madonna von Guadalupe**
   - Bild der Jungfrau von Guadalupe, Schutzpatronin Mexikos, mit blauem Umhang und Sternen und dunklem Gesicht, ein Objekt großer Verehrung in der lateinamerikanischen Welt.

4. **Byzantinische Ikonen der Madonna**
   - Auswahl byzantinischer Ikonen, die die Madonna mit östlichen und mediterranen Merkmalen zeigen und die ostchristliche Ikonographie widerspiegeln.

5. **Schwarze Madonna von Tindari**
   - Darstellung der Schwarzen Madonna von Tindari, die in Sizilien, Italien, verehrt wird, mit typischen Gesichtszügen und Kleidungsstücken für schwarze Madonnen im Mittelmeerraum.

6. **Schwarze Madonna von Einsiedeln**
   - Abbildung des in der Schweiz verehrten Bildes Unserer

Lieben Frau von Einsiedeln mit einer europäischen Interpretation der Schwarzen Madonnen.

7. **Schwarze Madonna von Loreto**

   o   Illustration der Madonna von Loreto, Schutzpatronin der Reisenden, mit schwarzem Umhang und Sternen, dargestellt in verschiedenen christlichen Kunstwerken.

1. Schwarze Madonna von Tschenstochau

Von Miguel Palafox – Unbekannt, Public Domain,
https://commons.wikimedia.org/w/index.php?curid=47900790

Schwarze Madonna von Montserrat

1. Schwarze Madonna von Guadalupe

1. Byzantinische Ikonen der Madonna

1. Schwarze Madonna von Tindari

1. Schwarze Madonna von Einsiedeln

1. Schwarze Madonna von Loreto

Anhang C: Glossar der Begriffe

Dieses Glossar enthält Definitionen der Schlüsselbegriffe, die im Buch über die Schwarze Madonna verwendet werden, und erleichtert so das Verständnis der behandelten Konzepte und Themen.

1. **Schwarze Madonna:** Ikonografische Darstellung der Jungfrau Maria mit dunkler Hautfarbe, präsent in verschiedenen christlichen Traditionen.

2. **Ikonographie:** Studium und Interpretation religiöser Bilder, insbesondere der Madonna und anderer heiliger Figuren.

3. **Mariologische Theologie:** Systematische Untersuchung der christlichen Lehre über Maria, Mutter Jesu Christi.

4. **Volksverehrung:** Religiöse und kulturelle Praxis der Verehrung und des Gebets gegenüber einer religiösen Figur wie der Schwarzen Madonna.

5. **Marienerscheinungen:** Phänomen der angeblichen Manifestationen Marias, der Mutter Jesu, gegenüber Einzelpersonen oder Personengruppen.

6. **Teint:** Hautfarbe einer Person.

7. **Inkarnationstheologie:** Christliche Lehre über den Glauben, dass Gott in Jesus Christus Mensch wurde.

8. **Ikone:** Heiliges Bild, oft auf Holz gemalt, im östlichen Christentum.

9. **Östliches Christentum:** Christliche Tradition der östlichen orthodoxen Kirchen, die über eine eigene Ikonographie und Liturgie verfügt.

10. **Liturgie:** Religiöser Ritus und Zeremoniell, insbesondere bei der Feier der Messe in der katholischen Kirche.

Danke

Ich möchte allen Menschen, die zur Entstehung dieses Buches über die Schwarze Madonna beigetragen haben, meinen aufrichtigen Dank aussprechen. Ohne ihre wertvolle Unterstützung hätte dieses Projekt nicht das Licht der Welt erblickt.

Ich danke herzlich:

- **Meiner Familie** für ihre Liebe, Geduld und ständige Unterstützung während der gesamten Zeit des Schreibens und Recherchierens.

- **Meinen Freunden und Kollegen** für die aufschlussreichen Diskussionen, wertvollen Ratschläge und moralischen Unterstützung, die sie mir gegeben haben.

- **Den Experten und Wissenschaftlern,** die ihr Wissen und ihre Expertise auf dem Gebiet der Mariologie, Ikonographie und Theologie weitergegeben und so zur Bereicherung des Buchinhalts beigetragen haben.

- **Den Gutachtern und Herausgebern** für ihre sorgfältige Arbeit zur Verbesserung der Qualität und Klarheit des Textes.

- **Den Institutionen und Bibliotheken** für die Bereitstellung der für die Forschung notwendigen Ressourcen und Materialien.

- **Den Lesern** für ihr Interesse und ihre Neugier gegenüber dem im Buch behandelten Thema.

Dieses Buch sind das Ergebnis einer gemeinsamen Anstrengung und ich hoffe, dass es eine tiefgreifende und anregende Vision der Figur der Schwarzen Madonna und ihrer vielfältigen Interpretationen im Kontext der christlichen Geschichte, Kultur und Spiritualität bieten kann.

Danke von ganzem Herzen.

Christian Mauro

139

INFORMATIONEN ZUM AUTOR

Ich kann mich als Sucher des Okkulten und des Mysteriums in allen Bereichen definieren. Alles, was mit Okkultismus zu tun hat, fasziniert mich. Und damit meine ich nicht das Verborgene, etwas Negatives, sondern den Weg, die Wahrheit zu erkennen, die mit Intuition erkannt werden kann. Ich begann mein philosophisches und theologisches Studium sehr spät, im Alter von etwa 26 Jahren, bis ich 9 Jahre meines Lebens der Erforschung und Vertiefung dieser Studien widmete, die ich noch heute fortführe und die mich so formten, dass mein Glaube fest verwurzelt war. Ich schreibe gerne Sätze, Gedanken, die die Herzen der Menschen berühren und die aus meinem eigenen Glauben und der in mir verwurzelten Liebe zu Christus kommen. Ich glaube an die selbstlose Liebe, die Liebe, die sich selbst gibt, ohne etwas dafür zu bekommen. Der Rest kommt von selbst, wenn die Früchte gut sind. Ich habe die Liebe Jesu Christi im Schmerz und im Leiden kennengelernt und ich danke ihm für alles, was er mir in meinem Leben gegeben und getan hat, denn auf diese Weise liebe ich ihn noch mehr. Aus dem Leiden werden wir neu geboren, um uns als Geschenk für andere anzubieten. Niemand wird meine Meinung dazu ändern. Ich verbringe die meiste Zeit damit, das Internet zu lesen und nach neuen Forschungsideen zu durchsuchen, und ich glaube, dass ich mit dieser Website mein Ziel erreicht habe. Ich möchte die Menschen nur informieren und zum Nachdenken anregen, denn die Wahrheit ist in jedem von uns verwurzelt, man muss sie nur ans Licht bringen.

143